요절 묵상
말씀 기도
구약 2

한치호 목사의 다른 책들

요절묵상 말씀기도 구약1, 2023
큰글씨 능력기도 예배대표기도문, 2023
주기도문으로 기도합니다. 2022
십자가의 길 70일, 2022
심령의 부흥, 읽는기도 91일, 2022
교회를 위한 읽는기도 91일, 2021
교회정착, 새신자 100일 기도문, 2020
헌신·절기·행사 대표기도문 77, 2019
기도, 처음인데 어떻게 하나요, 2019
잠언으로 자녀를 축복하는 읽는기도1, 2016
대심방 능력기도문, 2016
추모·장례 설교와 기도문, 2015
가족을 축복하는 읽는기도 100일, 2015

요절묵상 말씀기도 구약2

1판 인쇄일_ 2023년 11월 17일
1쇄 발행일_ 2023년 11월 25일

지은이_ 한치호
펴낸이_ 한치호
펴낸곳_ 종려가지
등록_ 제311 - 2014000013호(2014. 3. 21)
주소_ 서울특별시 은평구 은평로14길 9 - 5
전화_ 02)359.9657
디자인 내지_구본일
디자인 표지_이순옥
제작대행_세줄기획(02.2265.3749)
영업대행_두돌비(02.964.6993)

값 10.000원

ISBN 979-11-90968-73-7

문서사역에 대한 질문은 모바일 010. 3738. 5307로 해주십시오.

요절 묵상
말씀 기도
구약 2

수1 - 대하7

한치호 목사 기도

문서사역
|종|려|가|지|

차례

나의 사랑, 그리고 조국 땅

한국 교회 안에서 자라게 하시고,

여기에서 만나게 하신 이들,

그들에게 진 빚,

무엇으로 갚는다고 할런지요.

저에게 빚을 준 선배들이 참으로 많습니다.

그 빚으로 세워 주신 하나님께

종 된 심정에, 무릎을 드립니다.

1:9 내가 네게 명령한 것이 아니냐 강하고 담대하라 두려워하지 말며 놀라지 말라 네가 어디로 가든지 네 하나님 여호와가 너와 함께 하느니라 하시니라

하나님 아버지,
"강하고 담대하라 두려워하지 말며 놀라지 말라." 하시니 감사합니다. 이스라엘 백성에게 힘을 내고 분발하라고 격려해 주신 줄로 믿습니다. 사실, 이들은 광야에서 태어난 세대였기 때문에, 하나님의 격려가 우선해야 되었었다고 생각합니다.
맹수가 먹잇감을 놓고 공격할 때, 무섭게 달려들어 먹잇감에 달려들 듯이 이스라엘 백성은 여리고 땅에 대하여 그리해야 했다고 깨닫습니다. 그래서 하나님께서 그들에게 담대하라고 하셨음에 감격합니다.
애굽에서 나왔던 구세대와는 달리 신세대에게는 하나님의 함께 하심에 대한 확신이 부족했을 겁니다. 그들에게 하나님께서 함께 하신다고 다짐을 주셨다고 믿습니다.
'네가 어디로 가든지' 오늘, 저에게도 격려해 주시는 하나님의 음성을 받습니다. 오늘의 삶은 하나님께 명령을 받은 것이라고 확신합니다. 그래서 오늘을 지낼 때, 하나님의 함께 하심을 믿습니다.
하나님께서는 함께 해주시는데 제가 종종 하나님을 잊고 혼자서 살아가려 합니다. 자비로우신 언약, "너와 함께 하느니라." 말씀을 마음에 담고 오늘이라는 시간의 가나안 땅을 지나게 하시옵소서.

예수님의 이름으로 기도합니다. 아멘

하나님 아버지,

정탐꾼들이 라합에게 구원을 약속하게 하시니 감사합니다. 정탐꾼들을 달아내려 그들을 살려 주었던 붉은 줄을 구원의 보증물로 여기도록 하심이라 믿습니다.

붉은 줄, 그것은 갈보리 산의 십자가 형틀에서 흘리신 주님의 피를 보여주는 은혜였다고 깨닫습니다.

이스라엘 백성에게는 애굽에서 나오기 전에, 그들의 집 문설주마다에 어린양의 피를 뿌렸던 것을 경험하게 하셨습니다. 그때의 어린양의 피를 구원의 보증물로 삼으신 은혜를 라합에게도 언약해 주셨음을 확인합니다.

라합은 자신의 집에 붉은 줄을 매어 장차 오실 그리스도의 속죄의 피를 바라보았습니다. 오늘, 저는 그 피를 갈보리의 십자가에서 속죄의 피를 흘리신 주님을 믿음으로 경험합니다.

이로써 저에게도 구원의 보증물을 경험하게 하시니 감격스럽습니다.

정탐꾼들의 약속 - "네 집에 모으라."하여 라합의 집에 그녀의 가족이 모이도록 하셨습니다. 홍수 심판 때, 노아의 가족은 방주로 들어갔습니다.

오늘, 저에게는 하나님의 집에 들어와 있도록 하셨다고 깨닫습니다. 구원의 소망이 교회에 있음을 깨닫고, 교회에 속하여 구원을 받게 하시옵소서.

예수님의 이름으로 기도합니다. 아멘

3:13 온 땅의 주 여호와의 궤를 멘 제사장들의 발바닥이 요단 물을 밟고 멈추면 요단 물 곧 위에서부터 흘러내리던 물이 끊어지고 한 곳에 쌓여 서리라

하나님 아버지,
"흘러내리던 물이 끊어지고 한 곳에 쌓여 서리라." 하시니 감사합니다. 제사장들이 믿음으로 순종하게 하시고, 그 순종에 대한 응답으로 기적을 체험하게 하신 줄로 믿습니다.
흘러내리던 물을 끊어지게 하신 후에 그들이 강을 건너도록 하시지 않으셨음에 주목합니다. 여기에서 사람의 반응과 하나님의 응답이라는 법칙을 생각해 봅니다.
- 물이 흐르고 있는 곳에 발을 디뎌 놓으라!
저는 어떠한가요? 하나님께서 기적을 베풀어 주시기를 원하면서도, 그 기적이 하나님의 응답이라는 사실에는 무지했었음을 고백합니다. 용서해 주시옵소서. 하나님께의 신뢰를 보이라는 것으로 깨닫습니다.
그들이 하나님께 신뢰하여 행동으로 옮겼을 때, 그 순간, 위에서부터 흘러내리던 물을 끊으셨습니다. 그렇습니다.
하나님의 기적은 믿음에 대한 응답임에 감격합니다. 저에게 하나님을 신뢰하게 하시옵소서.
하나님은 흐르는 물이라는 자연현상도 제어하시는 분이심을 배웁니다.
제사장들의 순종에, 이스라엘 백성이 하나님의 기적을 목도할 수 있게 되었음을 잊지 않게 하시옵소서. 순종으로 지내게 하시옵소서.

예수님의 이름으로 기도합니다. 아멘

하나님 아버지,
제사장들이 언약궤를 메고 섰던 강 한복판의 돌을 취하여 기념비를 세우도록 하시니 감사합니다. 요단강을 건넜던 그들과 오고 오는 세대의 이스라엘 백성에게 영원히 기념이 되게 하신 줄로 믿습니다. 그들에게 요단을 건넌 사실을 잊지 않도록 하심이라 생각합니다.
과거의 역사는 미래로 나아가는 거울이 된다는 것을 교훈하심이라 깨닫습니다. 그래서 길갈에 세워진 열두 돌을 '요단강의 도하'를 나타내는 '기념물'로 삼게 하셨습니다.
'이 돌들이 영원히 기념이 되리라.'에 방점을 찍으며 자신을 돌아봅니다. 저에게도 하나님께서 일으키신 사건은 많이 있습니다. 그런데 저는 하나님께 주목하지 못하고, 자신의 즐거움으로 그치고 말았음을 회개합니다.
하나님의 은혜를 잊지 않도록 무언가를 하도록 하시옵소서. 하나님의 은혜를 마음에 새겨두는 작업에 소홀하지 않기를 결단합니다.
유월절을 지키도록 하심으로 '출애굽'이란 위대한 역사적 사건을 생각하게 하셨습니다. 하나님께서 저에게 베풀어 주셨던 은혜를 헤아려 기념비를 세우도록 하시옵소서.

예수님의 이름으로 기도합니다. 아멘

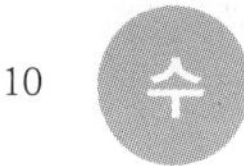

5:2 그 때에 여호와께서 여호수아에게 이르시되 너는 부싯돌로 칼을 만들어 이스라엘 자손들에게 다시 할례를 행하라 하시매

하나님 아버지,
"이스라엘 자손들에게 다시 할례를 행하라." 하시니 감사합니다. 할례는 하나님과의 언약이므로 저버릴 수 없는 줄로 믿습니다. 하나님과의 언약은 어떤 상황에서도 지켜져야 했다는 것을 생각합니다.
이스라엘 백성은 40년간 광야 길에서 할례를 행할 기회를 놓쳤다고 보아집니다. 그들은 지금, 약속의 땅 가나안으로 들어가야 할 시간인데, 하나님께서 할례를 하도록 명령하셨음을 깨닫습니다.
당시에, 광야에서 태어난 이들은 할례를 받지 않았으므로 그들이 새 땅에 들어가기 전에 이 의식을 치르게 하셨다는 것에 동의합니다. 할례에 의해서 하나님의 백성이라는 증거를 갖게 되었지요.
저는 살아가면서도 그때, 그때의 형편에 따라 움직였습니다. 그렇지만 우리가 지내는 시간 속에, 해야 할 것과 하지 않아도 되는 것들을 생각해 봅니다. 하나님 앞에서 행동의 기준을 새롭게 깨닫습니다.
'하나님과의 언약.' 어떤 경우에 놓여 져도 놓칠 수 없는 것이 있는데, 하나님께의 행위라고 확인합니다. 저 자신이 하나님의 자녀라는 것은 제가 하나님과의 언약을 어떻게 하느냐가 증명해 준다는 것에 동의합니다. 하나님의 명령을 우선하게 하시옵소서.

예수님의 이름으로 기도합니다. 아멘

하나님 아버지,
이스라엘 백성에게 여리고 성을 주신 하나님이십니다. 오래 전에 약속하셨던 것을 지금, 성취해 주신 줄로 믿습니다. 그렇지만 하나님의 약속을 믿지 못했던 이들은 이 약속을 받지 못하였음을 생각합니다.
그들이 여리고 성 주위를 돌 때, 여섯 번째까지는 너희 음성을 들리게 하지 않게 하셨다가 일곱 번째에 외치도록 하셨습니다.
'너희 입에서 아무 말도 내지 말라.'에 방점을 찍습니다. 그들에게 여리고 성 주위를 돌면서 떠벌리지 않도록 하셨습니다. 하나님께서 외치라 하는 날에 외치도록 하셨다는 것에 주목합니다.
그들에게 여리고 성을 주시면서 그때까지는 여리고 사람들에게 비밀로 일을 하셨다고 깨닫습니다. 하나님의 일을 떠벌리지 않음은 저에게도 큰 교훈이라고 받습니다. 오직 하나님께만 주목하도록 하심이셨지요.
사실, 저에게는 조바심이 많습니다. 그리고 자신을 드러내려는 과시에 대한 욕망이 강합니다. 이제, 하나님의 일을 떠벌리지 않는 은혜를 구합니다.
사람들과의 떠벌림에서 하나님의 음성이 묻혀 지지 않도록 저 자신에게 조용하게 하시옵소서.

예수님의 이름으로 기도합니다. 아멘

7:12(하) 그 온전히 바친 물건을 너희 중에서 멸하지 아니하면 내가 다시는 너희와 함께 있지 아니하리라

하나님 아버지,

"그 온전히 바친 물건을 너희 중에서 멸하"라 하시니 감사합니다. 바친 것이란 하나님께 저주를 받은 것인 줄로 믿습니다.

그래서 바친 물건으로 이스라엘 백성이 하나님께 진노의 대상이 되지 않도록 하라 하심에 감격스럽습니다.

'바친 것을 멸하라.' 오늘, 제가 마음에 담아야 될 경구라고 생각합니다. 하나님께 저주가 된 것에 연연하여 버리지 않는다면 자신을 하나님께서 함께 해 주시지 않으신다고 하신 말씀을 새기게 하시옵소서. 하나님께서 '바친 것'이라 여기신 것은 버리게 하시옵소서.

아이 성과의 전투에서 패배한 후 여호수아와 장로들, 그들이 하나님께 기도로 나아갔다는 것에서 교훈을 받습니다. 문제의 원인을 하나님과의 관계성 속에서 찾고, 하나님의 영광을 구하려는 자세를 보여주었다고 깨닫습니다. 역시 열쇠는 하나님께 있습니다.

하나님은 아간의 죄를 드러나게 하셨습니다. 탐욕에 자신을 넘겨준 아간의 모습은 바로 저였습니다. 아간처럼 죄가 탄로 나기까지 죄를 숨기려 합니다. 죄에 자신을 넘겨주지 않게 하시옵소서.

예수님의 이름으로 기도합니다. 아멘

하나님 아버지,
여호수아에게 단창을 잡아 든 손을 거두지 않게 하시니 감사합니다. 아이 성과 전투에서 이기게 하시려고 여호수아에게 완전한 승리의 순간까지 단창을 계속 들도록 하신 줄로 믿습니다.
이 전장에서 여호수아는 하나님의 변하지 않으시는 도우심을 바랐다고 생각합니다.
아이 성을 물리친 여호수아는 자신의 칼을 빼어 묵묵히 하늘을 향해 들고 서서 승리에의 영광과 찬양을 여호와께 돌렸다고 확인합니다.
이로써 이스라엘 백성에게 이 전쟁의 승리는 오직 위로부터 도우시는 여호와로 말미암았음을 증거 했다고 깨닫습니다.
하나님은 전쟁의 신으로서 자기 백성과 함께 하셨습니다. 여호수아와 이스라엘 백성은 하나님의 뜻에 맞도록 전쟁에 임했기 때문에 승리를 거두었다고 믿습니다.
오늘, 저에게 하나님을 찾게 하시옵소서. 제가 계획한다거나 생각한다고 해서 이루어지지 않고, 하나님의 뜻에 저를 맞추는 것이 우선되어야 한다고 깨닫습니다.
승리를 원할 때, 하나님을 등지는 것을 두려워하게 하시옵소서. 하나님의 편에 서서 끝까지 하게 하시옵소서.

예수님의 이름으로 기도합니다. 아멘

9:19 모든 족장이 온 회중에게 이르되 우리가 이스라엘의 하나님 여호와로 그들에게 맹세하였은즉 이제 그들을 건드리지 못하리라

하나님 아버지,
이스라엘의 족장들이, "이제 그들을 건드리지 못하리라." 라고 하게 하시니 감사합니다. 그것은 '이스라엘의 하나님 여호와'로 기브온과의 맹세를 하였기 때문인 줄로 믿습니다. 이 조약으로 그들의 생명은 구원 받았지요.
그들은 이스라엘에 거짓말을 한 대가로 자유를 박탈당하였고, 이스라엘 백성에게 종 노릇을 해야만 하였다고 깨닫습니다. 이로써 그들에게는 하나님을 알 수 있는 기회가 되었다고 생각합니다.
'그들을 건드리지 못하리라.' 하나님 앞에서의 맹세를 지켜야 했던 이스라엘 백성에게서 삶의 교훈을 배웁니다.
저는 사실, 얼마나 많은 말을 하나님 앞에서 바꾸었는지요? 아침에 드렸던 다짐도 저녁이 되면 '없던 일'처럼 여긴 적이 한 두 번이 아니었습니다.
오늘, 하나님께 신실하지 못했던 저의 모습을 보게 하시니 감사합니다. 하나님 앞에서 좀 더 신중하고, 약속을 드렸다면 지키기 위해서 목숨이라도 내어 놓으려는 자세를 갖게 하시옵소서.
저의 말은 곧 저의 신앙이기를 원합니다. 저의 약속은 곧 저의 목숨이 되기를 원합니다. 하나님 앞에서 신실하게 하시옵소서.

예수님의 이름으로 기도합니다. 아멘

하나님 아버지,
여호수아가 태양을 향해서 기브온 위에 머무르라고 선포 기도를 하게 하시니 감사합니다. 그는 전투에 걸리는 많은 시간을 얻기 위해 하나님께 태양과 달의 운행을 멈춰 달라고 기도한 줄로 믿습니다.
태양과 달이 동시에 하늘에 떠 있었던 시각에 멈추라고 선포했던 여호수아, 하나님께서 그의 기도를 들어주셨습니다. 자연법칙을 초월한 하나님의 역사를 보여주셨음에 감격스럽습니다.
여호수아에게 전쟁에 이기겠다는 소원을 갖게 하시고, 그를 자연의 법칙의 초월에 도전하게 하셨습니다.
하나님께서 정하신 법칙을 바꾸심은 하나님의 응답이라고 깨닫습니다.
오늘, 저에게 꼭 요구되는 것을 가르쳐 주십니다. 그것은 저에게도 하나님께 간절히 매달리며, 선포하는 기도입니다. 하나님을 신뢰한 자에게는 기적의 시간을 주신다고 확신합니다.
자기를 크리스천이라 하는 사람은 하나님의 신비를 경험하고 싶어 합니다. 오늘을 지내면서 소원을 갖게 하시고, 그 소원을 이루어주시는 하나님 앞에서 도전하는 은혜를 누리게 하시옵소서.

예수님의 이름으로 기도합니다. 아멘

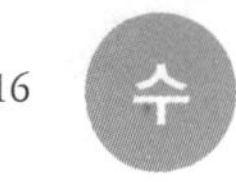

11:15 여호와께서 그의 종 모세에게 명령하신 것을 모세는 여호수아에게 명령하였고 여호수아는 그대로 행하여 여호와께서 모세에게 명하신 모든 것을 하나도 행하지 아니한 것이 없었더라

하나님 아버지,
"여호수아는 그대로 행하여" 라는 말씀을 대하게 하시니 감사합니다. 이로써 여호와께서 모세에게 명하신 모든 것을 다 실천한 줄로 믿습니다. 하나님의 명령을 바꾸지 않은 여호수아를 생각합니다.

- 하나님께 명령을 받아 그대로 가감 없이 전달해 주었던 모세
- 이 명령을 받아 차질이 없이 철저히 실천에 옮겼던 여호수아

모세와 여호수아에게서 선임과 후임의 신뢰관계를 깨달습니다. 모세에게 전달을 받은 하나님의 명령, 그것이 지키기 어렵더라도 순종했던 여호수아가 감격하게 합니다. 오늘, 하나님의 사람으로 살아가려는 저에게 주시는 권면이라고 깨닫습니다. 성경을 펴서 읽을 때, 얼마나 많은 말씀들을 하나님의 명령이라고 여겼는지요.
그렇지만 그 깨달음은 식어지고, 하나님의 명령은 사라졌습니다. 용서해 주시옵소서.
하나님께로부터 받은 명령을 완전하게 지켜낸 여호수아를 저의 모델로 삼게 하시옵소서. 여호수아가 모세로부터 받았다면, 저는 지금 하나님의 말씀이 기록 된 성경에서 받고 있지 않습니까?
하나님의 말씀을 그대로 행하도록 성령님께서 강권해 주시옵소서.

예수님의 이름으로 기도합니다. 아멘

12:1 이스라엘 자손이 요단 저편 해 돋는 쪽 곧 아르논 골짜기에서 헤르몬 산까지의 동쪽 온 아라바를 차지하고 그 땅에서 쳐죽인 왕들은 이러하니라

하나님 아버지,
이스라엘 자손이 가나안 동편의 땅을 차지하게 하시니 감사합니다. 그들의 승리는 전적인 하나님의 도우심의 성취였다고 믿습니다. 계획에도 없던 정복이었는데, 이스라엘 백성에게 주셨음을 생각합니다.
헤스본 왕과 바산 왕, 아모리 족속이 그들의 행진을 거절하여 전쟁을 하게 되었음을 깨닫습니다.
지나가게 해달라는 요청을 거절하고, 하나님을 대적하니 하나님께서 심판을 하신 것이라고 확인합니다.
'하나님께의 거절.' 그렇습니다. 요단 동편의 땅은 헤스본과 바산 그리고 아모리 족속이 하나님께 대적하여 이스라엘 백성의 차지가 되었음을 생각합니다. 그것은 하나님의 심판이었다고 깨닫습니다.
오늘을 지낼 때, 마음에 하나님의 뜻을 존중함을 품게 하시옵소서. 생각이나 말로 하나님을 대적하지 않게 하시옵소서. 하나님의 음성을 들을 때, '아멘'이라고 대답하게 하시옵소서.
'온 아라바를 차지'함은 이스라엘 백성에게 측량할 수 없었던 하나님의 은혜였다고 확인합니다. 하나님께서는 저에게도 제가 미쳐 깨닫거나 알지 못했던 은혜를 내려 주심을 소망하게 하시옵소서.

예수님의 이름으로 기도합니다. 아멘

13:14 오직 레위 지파에게는 여호수아가 기업으로 준 것이 없었으니 이는 그에게 말씀하신 것과 같이 이스라엘의 하나님 여호와께 드리는 화제물이 그들의 기업이 되었음이더라

하나님 아버지,
레위 지파에게는 하나님께 드리는 화제물을 기업으로 주시니 감사합니다. 그들은 하나님의 거룩한 일, 곧 성소의 일을 위해 구별된 줄로 믿습니다. 그들에게는 하나님께서 기업이 되어 주셨음을 생각합니다.
레위 지파에게는 생계를 위한 기업(땅)을 별도로 분배하지 않으셨지요? 그들은 자기들에게 맡겨진 '하나님의 일'에만 전념하도록, 그 일을 생명으로 삼으라는 하나님의 의도였다고 깨닫습니다.
하나님의 일을 하도록 구별을 하시고, 하나님께 드려진 십일조, 첫 예물 등을 받도록 하셨음에 감격합니다. 이로써 그들 자신이 하나님께 속한 예물이 되었습니다.
이제, 저도 영적으로 하나님께 속해졌음을 고백합니다. 하나님께 드려진 예물로 지내는 것이 저의 삶이라 깨닫습니다.
그러므로 구별을 무시하지 않도록 자신에게 주의하게 하시옵소서. 그리고 거룩한 요청을 드리게 하시니 감사합니다.
- 하나님께서 저에게 기업이 되어 주심에 감격하게 하시옵소서.
- 살아가는 날 동안에 하나님을 기업으로 삼게 하시옵소서.

예수님의 이름으로 기도합니다. 아멘

하나님 아버지,
갈렙에게 "이 산지를 지금 내게 주소서."라고 결단하게 하시니 감사합니다. 갈렙은 하나님께서 함께 하시면 어떤 일도 할 수 있다는 것을 경험하였고, 확신한 줄로 믿습니다.
사실, 갈렙의 시간은 하나님의 시간이었다고 생각합니다. 가데스 바네아를 정탐했던 이후부터 38년 동안의 광야생활, 7년 동안의 가나안 정복의 전투에서 하나님은 함께 해 주셨습니다.
갈렙과 함께 하신 하나님께 찬양을 드립니다. 이로써 그는 하나님을 경험하는 시간, 곧 '임마누엘'을 누렸다고 깨닫습니다.
- 적을 두려워하거나 낙담하지 않고,
- 언제, 어디에서나 강하고 담대할 수 있다.
저에게도 갈렙의 시간을 사모하게 하시옵소서. 임마누엘로 지내게 하시옵소서. 저의 상황으로 좌우되지 않고, 오직 하나님께 대한 확신으로 살아가게 하시옵소서.
이제까지와 같이 앞으로도 하나님은 저를 떠나시거나 저를 외면하지 않으심을 믿습니다.
날마다 "이 산지를 지금 내게 주소서."라고 간구하게 하시옵소서.

예수님의 이름으로 기도합니다. 아멘

15:16 갈렙이 말하기를 기럇 세벨을 쳐서 그것을 점령하는 자에게는 내가 내 딸 악사를 아내로 주리라 하였더니

하나님 아버지,

갈렙이 기럇 세벨을 쳐서 점령하는 자에게 자신의 딸을 주겠다고 한 것을 생각합니다. 헤브론 땅의 주위를 기업으로 삼도록 도전하게 하신 줄로 믿습니다. 그의 말은 하나님께의 간구였다고 깨닫습니다.

고대의 유대인들에게는 용기를 북돋우고, 용맹을 장려하려고 무공을 세운 자에게 딸을 주어 치하하는 풍습이 있었음을 생각합니다. 사울도 골리앗을 죽이는 자에게 자기의 딸을 주겠다고 약속하였지요.

하나님께서는 옷니엘이 드빌을 쳐서 승리하여 악사를 아내로 얻게 하셨습니다. 약속해 주신 것을 얻으라고 도전하게 하시는 하나님, 기업으로 삼도록 '쳐서 정복하게 하시는' 하나님을 생각합니다.

오늘, 저에게 도전하라 하시는 하나님의 음성을 듣습니다. 하나님께로부터 받은 약속을 얻기 위해서 도전하기를 원합니다. 열매가 떨어지기를 기다림보다 열매를 따기 위해서 나무에 오르게 하시옵소서.

이미, 저에게는 하나님께로부터 받은 약속이 어마어마하다는 것을 깨닫습니다. 하나님을 기쁘시게 해드려야 하는 삶이 있습니다. 저로 말미암아 '하나님께 영광이 되기를' 원하시는 시간을 주셨습니다. 저에게 주신 시간을 점령하게 하시옵소서.

예수님의 이름으로 기도합니다. 아멘

하나님 아버지,

므낫세와 에브라임 지파에게 기업을 받게 하시니 감사합니다. 그들은 야곱의 열 두 아들에 속하지 않았으나 요셉의 자손으로서 기업을 받게 하신 줄로 믿습니다. 하나님의 언약의 성실함을 생각합니다.

요셉 한 사람에게 약속이 된 기업을 그의 두 아들의 지파에서 각각 받았음에 감격합니다. 요셉은 어떤 사람이었나요? 그의 고생과 연단을 자손의 시간에서 위로해 주신 하나님을 깨닫습니다.

이 시간에, 저에게 하나님의 위로가 있는가를 생각해 봅니다. 또한 하나님께 복을 지은 것이 있는지도 살펴봅니다.

하나님께 소망을 두고, 이 세상에서의 환난과 시험을 굳건히 이겨내는 모습을 사모하게 하시옵소서. 하나님으로부터 주어질 위로와 상급에 가치를 두게 하시옵소서.

저에게도 자녀를 주셨습니다. 그들에게 하나님 앞에서 사는 것을 보여주는 부모로 지내게 하시옵소서. 하나님을 절대 사랑하고, 하나님 중심으로 살아서 자녀에게 많은 복의 유산을 준비하게 하시옵소서.

오늘의 시간을 하나님을 사랑하고 섬기는 것으로 채우게 하시옵소서. 자녀에게 하늘의 복을 남겨주는 부모 되게 하시옵소서.

예수님의 이름으로 기도합니다. 아멘

17:15 여호수아가 그들에게 이르되 네가 큰 민족이 되므로 에브라임 산지가 네게 너무 좁을진대 브리스 족속과 르바임 족속의 땅 삼림에 올라가서 스스로 개척하라 하니라

하나님 아버지,
"올라가서 스스로 개척하라."는 말씀을 주시니 감사합니다. 브리스 족속과 르바임 족속의 땅을 요셉 자손에게 주실 것을 확인해 주셨다고 믿습니다. 순종하여 나아가기만 하면 되었다는 것을 생각합니다.
가나안 거민들이 비록 철병거로 무장되어 있을지라도 하나님께서 복을 약속해 주셨으니 그들은 개척을 해야 하였습니다. 그러면 그 땅은 그들의 것이 될 것이었습니다.
'하나님의 언약과 인간의 개척.' 개척은 황무지를 개간하여 옥토를 만들라는 의미였음을 깨닫습니다. 하나님께서는 요셉 자손에게 큰 복을 주셨고, 그들은 자신들의 노력과 수고로 그 복을 자기들의 것으로 삼아야 했음을 배웁니다.
오늘, 저에게 하나님의 복의 약속과 그에 응답하는 인간의 노력, 수고를 이 땅에서 지내는 법칙으로 삼게 하시옵소서.
오늘을 지내면서 환경과 여건을 탓하지 않게 하시옵소서. 환경과 여건은 제가 개척해야만 될 상대라는 것을 확인하게 하시옵소서.
'그 산지도 네 것이 되리니.' 요셉 자손이 받았던 말씀을 저에게 주신 언약으로 받습니다. '제 것이 되어서 영광을 하나님께!'

예수님의 이름으로 기도합니다. 아멘

하나님 아버지,
기업의 분배를 위하여 "실로의 여호와 앞에서 제비를" 뽑게 하시니 감사합니다. 그들이 하나님께 예배하고 기업의 분배를 시작한 줄로 믿습니다. 기업의 분배에 소극적이던 7지파였습니다.
하나님께 나아간 후에, 그들이 제비를 뽑았다는 것은 은혜롭습니다. 갈등이 생겨서 머뭇거리던 그들이 예배로 하나님께 나아간 후에 되어 진 역사라 깨닫습니다. 제비 뽑고서, 자기들의 땅을 선택하도록 하셨습니다.
'제비를 뽑고.'에 저의 마음에 방점을 찍습니다. 제비를 뽑는 자는 사람이지만, 그 결과는 하나님께서 주관하신다는 것을 믿습니다.
당시의 이스라엘 백성에게 주신 하나님의 계시방법이라 생각합니다.
그렇지만 제비를 뽑는 행위가 모든 경우에 통용이 되는 하나님의 계시 방법이라고는 볼 수 없을 것입니다. 선지자 시대 이후로는 이 방법이 거의 사용된 적이 없고, 사도 시대에 잠깐 사용되었습니다.
오히려, 지금은 성경으로 하나님의 뜻을 계시해 주신다고 믿습니다. 기록된 하나님의 말씀에서 하나님의 뜻을 구하게 하시옵소서. 오직 성경만을 유일한 판단 기준으로 삼게 하시옵소서.

예수님의 이름으로 기도합니다. 아멘

19:49 이스라엘 자손이 그들의 경계를 따라서 기업의 땅 나누기를 마치고 자기들 중에서 눈의 아들 여호수아에게 기업을 주었으니

하나님 아버지,
이스라엘 자손이 자기들 중에서 여호수아에게 기업을 주게 하시니 감사합니다. 이로써 이스라엘 자손이 그를 인정하여 여호수아도 기업을 분배받도록 하신 줄로 믿습니다.
여호수아는 이스라엘의 최고지도자로서 업적을 세웠음에도 불구하고 맨 마지막으로 기업을 분배 받도록 하신 하나님을 생각합니다.
그에게 보잘 것 없는 작은 성읍 하나를 기업으로 요청하게 하신 하나님이십니다. 여호수아를 그들에게 참 지도자로 세워주셨습니다.
여호수아를 삯군 목자로 세워주시지 않고, 선한 목자가 되게 하셨습니다. 그에게서 자기의 것을 요구하지 않으신 주님을 바라봅니다. 자기를 내어주신 주님을 보여주시니 감사합니다.
저는 어떠한지요? 주님을 따르는 사람이라는 자세로 지내고 있는지요? '섬김'이라는 명사가 저의 이름 앞에 붙여지기를 원하면서도 저 자신은 남들보다도 먼저 챙기려 하지 않습니까?
오늘, '삯군 크리스천'으로 지내지 말라고 고발해 주시니 감사합니다. '섬김'이라는 명찰은 대외용이고, 자신의 이익을 구함에 가득 차 있음을 폭로하셨습니다. 이제, 저에게 맨 마지막이 되게 하시옵소서.

예수님의 이름으로 기도합니다. 아멘

하나님 아버지,
고의가 없이 살인하게 된 자를 위하여 도피성을 세워서 주시니 감사합니다. 당시에 이스라엘의 피의 복수법에 따라 복수를 노리고 살인하게 되는 범죄를 막기 위함인 줄로 믿습니다.
실수로 사람을 죽도록 한 자는 살인에 대한 고의성이 없으므로 그의 목숨은 보호를 받아야 했다고 여깁니다. 도피성을 세워서 사람의 생명을 구하시려는 하나님의 자비하심을 깨닫습니다.
도피성으로 피한 자는 대제사장이 죽는 날까지 지내다가 자유를 얻게 하셨습니다. 그것은 대제사장의 죽음이 그의 죄에 대한 속전이 되었음을 깨닫게 합니다.
도피성으로 보호를 받게 하시고, 대제사장이 죽으면 자유를 얻게 하심에서 예수님의 속죄를 바라보게 됩니다.
도피성 제도를 세우셔서 예수 그리스도로 말미암은 구원을 예표해 주시니 감사합니다. 죽을 수밖에 없던 인생을 주님의 품에 안기게 하심으로 살 길을 주신 은혜를 기억하며 지내게 하시옵소서.
오늘을 지내면서 도피성과 속죄의 관계를 묵상하고, 바로 이것이 예수님을 제물로 받으시고, 인생의 죄 값을 지불하게 하신 속죄의 신비임을 깨닫게 하시옵소서.

예수님의 이름으로 기도합니다. 아멘

21:45 여호와께서 이스라엘 족속에게 말씀하신
선한 말씀이 하나도 남음이 없이 다 응하였더라

하나님 아버지,
하나님의 약속이 하나도 남음이 없이 다 응하였다고 선언하시니 감사합니다. 하나님께서 언약을 온전히 성취해 주셨다고 믿습니다. 언약의 하나님을 확인해 주심을 깨닫습니다.
자신이 약속하신 것을 반드시 성취하시는 하나님께 찬양을 드립니다. 그들에게 가나안 족속을 멸하라 명령하시면서, 하나님께서는 자신을 가리켜, 신실하신 하나님이라 하셨습니다.(신 7:9)
그때, "그를 사랑하고 그 계명을 지키는 자에게는 천대까지 그 언약을 이행하시며"라고 하셨습니다. 사람은 약속을 잊을지라도 하나님은 약속을 지키시니 찬양과 영광을 받으시옵소서.
'다 응하였더라.' 는 말씀에 방점을 찍어서 저의 가슴에 담아두게 하시옵소서. 하나님께서 저에게 주시는 언약에 만감하게 하시옵소서. 반드시 하나님께서는 약속을 다 이루어 주신다는 사실을 배웁니다.
그 언약의 성취를 받기에 아직 저 자신이 준비되지 못해서 성취의 시간이 늦어질 수 있음을 깨닫습니다. 언약을 받을 심령으로 자신을 준비하게 하시옵소서. 비록 하나님의 약속이 더디게 성취되는 것을 인내로써 기다리게 하시옵소서.

예수님의 이름으로 기도합니다. 아멘

하나님 아버지,
오늘, 여호와를 배역하면 내일은 온 회중에게 진노하신다고 하신 말씀을 생각합니다. 우상을 숭배하는 죄에 관한 한, 하나님의 진노가 지체 없이 전체 회중에게 임하는 줄로 믿습니다.
르우벤 자손과 갓 자손, 므낫세 반 지파의 사람들, 그들은 요단 동편의 언덕에 제단을 쌓아 이스라엘 회중과 갈등을 가져왔습니다. 그때, 이미 브올의 죄악으로 하나님의 심판을 받았던 것을 기억하여 단을 쌓은 것을 만류합니다.
그들이 싯딤에 머물 때, 당시에 모압과 미디안 여인의 유혹을 받아 바알을 숭배하여 죄를 지었지요.
그처럼 지금, 그들이 하나님을 떠나 우상을 숭배하면 이스라엘 회중에게 하나님의 심판이 있게 된다는 경고라고 여깁니다.
'인간의 배역과 하나님의 진노.' 저에게도 하나님이 아닌 것에 머리를 조아렸는지를 살피게 하시옵소서. 하나님보다 더 사랑하며, 소중하게 여기고 있는 것이 있는지를 살피게 하시옵소서.
혹시라도 저의 행동이 하나님을 배역함이 되지 않도록 늘 주의하게 하시옵소서. 하나님께 진노가 되지 않도록 하시옵소서.

예수님의 이름으로 기도합니다. 아멘

23:3 너희의 하나님 여호와께서 너희를 위하여 이 모든 나라에 행하신 일을 너희가 다 보았거니와 너희의 하나님 여호와 그는 너희를 위하여 싸우신 이시니라

하나님 아버지,
이스라엘을 위하여 싸우신 하나님을 회상하게 하시니 감사합니다. 지난 날, 하나님께서 이스라엘에게 베푸신 은혜를 이스라엘 백성에게 상기시킨 줄로 믿습니다. 하나님을 기억하는 것을 생각합니다.
자신이 한 모든 일은 하나님께서 이루신 역사임을 다시 확인하는 여호수아에게서 은혜를 받습니다. 여호수아처럼 이스라엘을 위하여 헌신했던 지도자가 또 있었나요? 자신이 그렇게 수고를 했으면서도 하나님께서 하셨다고 증언합니다.
이스라엘을 위하여 하나님께서 친히 싸워주셨다고 선언합니다. 광야교회의 공동체에 기업도 분배해 주셨다고 하였습니다.
저에게는 하나님께 대한 고백이 있는지요? '너희를 위하여 싸우신 이'라고 한 여호수아의 증언을 저의 것으로 삼게 하시옵소서. 하나님은 저에게 어떠한 분이시라는 고백을 증언하게 하시옵소서.
하나님께 대한 고백은 저 스스로를 하나님 앞에서 겸손하도록 해준다고 깨닫습니다. 저에게 베풀어 주셨던 은혜를 기억할 때, 하나님께로 나아가 무릎을 꿇게 됨을 깨닫습니다. 제가 오늘을 살아가는 것이 하나님의 은혜라고 증언하게 하시옵소서.

예수님의 이름으로 기도합니다. 아멘

하나님 아버지,
여호수아의 고별 메시지에서 "여호와만 섬기라." 하시니 감사합니다. 여호와를 경외하며 온전함과 진실함으로 섬기라는 권면인 줄로 믿습니다.
그들에게 우상숭배를 포기하도록 결단을 촉구했다고 봅니다. 하나님께 대한 결단은 은혜를 받은 자의 응답이라고 깨닫습니다.
신앙의 내적인 표현은 다짐이며, 그 다짐으로 사는 것이 신앙자의 외적인 표현임을 확인합니다. 그들에게 하나님만을 섬기도록 촉구하면서 여호수아 자신과 자신의 가정이 하나님을 섬김의 본을 보일 것을 약속한 모습에 감격합니다.
'여호와만 섬기라.' 이 말씀에 방점을 찍어 마음에 담습니다. 오늘, 저에게도 결단을 경험하는 은혜로 들어가게 하시옵소서. 한 날을 지내면서 얼마나 많은 결단을 하게 될까요? 살아가는 것은 순간, 순간의 결단으로 이어진다고 생각합니다.
저의 외적인 포장은 하나님이 중심이었지만 삶의 실제에서는 그러하지 못하였습니다. 저의 순간, 순간에는 언제나 제가 중심의 자리에서 선택하고, 결정을 했음을 고백합니다. 용서해 주시옵소서. 오늘을 지내는 시간이 여호와만 섬김이 되도록 이끌어 주시옵소서.

예수님의 이름으로 기도합니다. 아멘

1:1 여호수아가 죽은 후에 이스라엘 자손이 여호와께 여쭈어 이르되
우리 가운데 누가 먼저 올라가서 가나안 족속과 싸우리이까

하나님 아버지,
이스라엘 백성에게 여호와께 여쭙도록 하시니 감사합니다. 아직 정복되지 않은 가나안 땅의 원주민들을 쳐부수려고 하나님의 뜻을 구한 것인 줄로 믿습니다. 그들에게는 남은 땅을 정복하고, 그 땅의 우상들을 제거해야 하는 사명이 있음을 생각합니다.
그들이 모여 가나안 땅의 정복을 위해 의논하도록 하신 하나님이십니다. 그들은 "우리 중 누가 먼저 올라가서 싸우리까"하고 하나님께 여쭈었으니, 참으로 감격합니다.
싸움터로 나아가기를 다짐하면서 하나님의 인도하심을 구했던 그들의 모습을 배웁니다. 더욱이 먼저 나가서 싸운 이들이 승리를 거두었을 때, 이스라엘 백성 전체에게 오는 분위기는 중요했을 겁니다.
저의 모습을 봅니다. 하나님의 인도를 받기 원하면서도 하나님의 인도하심을 구하지 않고 지내던 저였습니다. '여호와께 여쭈어 이르되'라는 표현이 저에게 하나님을 찾는 습관이 되기를 원합니다.
오늘, 하나님께 여쭙는 것을 가르쳐 주시옵소서. 하나님께 여쭙는 기도를 배우게 하시옵소서. 제가 하려는 일에, 실패하지 않음으로써 하나님께 영광을 드림이 되도록 여쭙게 하시옵소서.

예수님의 이름으로 기도합니다. 아멘

하나님 아버지,
"그 후에 일어난 다른 세대는 여호와를 알지 못하며"라는 묘사를 생각해 봅니다. 그들은 아브라함의 후손임에도 불구하고, 다른 세대라고 하였고, "여호와를 알지 못하며"라고 했습니다.
여호수아가 죽었고, 그와 같은 시대를 지냈던 사람들이 다 죽은 이후의 이스라엘 백성, 그들은 다른 세대가 되어 하나님께 관심이 없었다는 것이지요. 하나님께서 이스라엘에 하신 일들도 몰랐습니다.
영적인 암흑기라 봅니다. 아마도 그들은 하나님에 대하여 알려 하지도 않았을 것입니다. 하나님께서 하신 일들을 알고 있었다면 그러하지는 않았을 것입니다.
오늘의 저는 어떠한가요? 하나님을 알지 못하면 하나님께 대한 관심이 사라진다는 것을 기억하게 하시옵소서.
하나님을 섬기지 않으면 우상을 숭배하는 사상으로 떨어진다는 것을 잊지 않게 하시옵소서.
제가 정말로 하나님을 알고 있는지요? 하나님께 대하여 제가 알기를 원하는 것에만 관심을 갖고 있나요?
오늘, 성령님께서 강권하셔서 하나님을 알게 하시옵소서. 하나님을 알게 하시는 성령님께 순종해서 부지런히 하나님을 배우게 하시옵소서.

예수님의 이름으로 기도합니다. 아멘

3:7 이스라엘 자손이 여호와의 목전에 악을 행하여 자기들의 하나님 여호와를 잊어버리고 바알들과 아세라들을 섬긴지라

하나님 아버지,
이스라엘 자손이 여호와를 잊어버리고 우상을 숭배했다는 것을 생각합니다. 하나님을 섬기지 않으니까 우상을 숭배하게 된 줄로 믿습니다. 하나님을 잊어버리는 것은 '하나님을 잊음'으로 그치지 않고, 우상숭배의 죄로 연결이 된다는 것에 두려워합니다.
그들이 자신들의 마음 중심에서 여호와를 모시지 않으니까 어떻게 되었나요? 가나안의 신인 바알들과 아세라들을 섬겼다고 했습니다.
그들은 자기들이 살던 지역에 있던, 여러 이름들과 여러 형상들의 바알과 아세라를 가나안 사람들과 함께 섬겼음을 깨닫습니다.
'하나님을 잊다.' 그것은 이스라엘 자손이 하나님을 그들의 마음 바깥에 두었다고 깨닫습니다. 하나님과 그의 교훈을 잊어버리게 된다는 것을 확인합니다.
오늘, 저에게도 이러한 현상이 일어난다고 생각합니다. 저의 마음에 하나님을 모시지 않으면 다른 것이 들어와서 우상을 숭배하게 한다는 것을 깨닫습니다. 여호와를 잊어버리지 않기를 원합니다.
오늘을 지내면서, 성령님께 충만하시옵소서. 성령님께서 저를 사랑해 주시고, 하나님을 그리워 하도록 이끌어 주시옵소서.

예수님의 이름으로 기도합니다. 아멘

하나님 아버지,
가나안 왕 야빈의 군대가 혼란에 빠지게 하시니 감사합니다. 이스라엘의 손에 가나안 대적들을 붙이셔서 물리치게 하신 줄로 믿습니다. 이로써 전쟁은 하나님께서 하심을 알게 하셨다고 생각합니다.
가나안 왕 야빈이 이스라엘을 괴롭히고, 시스라가 군대를 이끌고 이스라엘에 쳐들어오려 했을 때, 하나님께서 그들을 칼로 다 쳐서 엎드려지게 하였음에 감격합니다. 그들, 철병거 900승과 온 군사들이 기손강에 모였을 때, 강물을 범람하게 하셔서 철병거가 진흙에 빠져 쓸모없게 하신 하나님이십니다.
이렇게 되자 시스라는 병거에서 내려 도망을 쳤지요. 과연 여호와께서 이스라엘의 군대보다 앞서 나가서 물리쳐 주셨다고 확신합니다.
이 승리로 하나님께 영광을 드린 드보라를 주목합니다. 드보라의 확신, '하나님은 나보다 먼저 가신다.'는 민감함을 저의 것으로 삼게 하시옵소서.
오늘을 지내면서 하나님의 인도하심에 민감하게 하시옵소서. 하나님께서 이겨 주심을 기다리게 하시옵소서. 저에게 일어나는 상황들로 주눅 들지 않고, 하나님을 바라게 하시옵소서.

예수님의 이름으로 기도합니다. 아멘

5:31 여호와여 주의 원수들은 다 이와 같이 망하게 하시고 주를 사랑하는 자들은 해가 힘 있게 돋음 같게 하시옵소서 하니라 그 땅이 사십 년 동안 평온하였더라

하나님 아버지,

주의 원수들, 주를 사랑하는 자들에게 하나님의 응답을 구하게 하시니 감사합니다. 하나님을 대적하는 자와 하나님을 사랑하는 자에 대한 하나님의 처분을 보여주신 줄로 믿습니다.

'주의 원수들 = 망하게.' 하나님을 대적하는 자는 여인의 손에 비참하게 죽은 시스라와 같이, 또한 그를 추종하였던 모든 대적들 같이 망하게 해 달라는 요청이라고 생각합니다. 하나님을 대적하는 사람에게는 멸망하게 하셔서 반드시 패망한다는 것을 깨닫습니다.

'주를 사랑하는 자들 = 해가 힘 있게 돋음 같게.' 하나님을 사랑하는 자는 힘 있게 올라오는 태양과 같음을 경험하게 해 달라는 요청이라고 생각합니다. 하나님을 사랑하는 자들에게는 태양이 점차 그 빛을 온 천하에 뻗치는 것을 누리게 하심을 믿습니다.

멸망과 형통으로 말미암아 하나님의 공의를 생각합니다. 하나님께 자신이 행한 대로 보응이 온다는 것을 진리로 삼게 하시옵소서.

드보라의 헌신으로 구원을 받은 이스라엘 백성, 그들이 40년 동안 태평을 누렸다는 것에 감사합니다. 이제, 저는 주를 사랑하는 자가 되어서 이웃을 유익하게 하는 삶으로 오늘을 지내게 하시옵소서.

예수님의 이름으로 기도합니다. 아멘

하나님 아버지,

기드온에게 "이 너의 힘으로"라고 하시니 감사합니다. 그의 힘은 기드온 자신의 힘이 아니고, 하나님께서 그에게 함께 계셔서 주시는 힘인 줄로 믿습니다. 하나님은 구원의 하나님이심을 생각합니다.

하나님께서 이스라엘을 미디안의 손에서 구원해 주시겠다고 약속해 주심에 주목합니다. 사실, 기드온은 조심스런 사람이었지요. 미디안 사람에게 들키지 않으려고 밀을 포도주 틀에서 타작했지요.

이처럼 유약했던 그에게 기름을 부어 큰 용사로 삼아주셨음을 확인합니다.

하나님은 겁쟁이라고 표현해도 될 그를 들어서 이스라엘을 미디안으로부터 구해내셨습니다.

오늘, 저에게 반가운 문장은 '이 너의 힘으로' 입니다. 저에게도 하나님께서 말씀해 주시기를 원합니다. 용사라도 자기의 힘을 의지하고, 홀로 나아간다면 실패할 것입니다. 제가 의지하기 전에, 먼저 저에게 함께 해 주시는 하나님께 의지하게 하시옵소서.

"큰 용사여 여호와께서 너와 함께 계시도다." 여호와의 사자가 와서, 기드온에게 전해주었듯이, 저에게도 성령님을 보내 주셔서 전해주시는 하나님의 말씀을 듣게 하시옵소서.

예수님의 이름으로 기도합니다. 아멘

하나님 아버지,

기드온에게 "미디안을 네 손에 넘겨주리니"라고 하시니 감사합니다. 기드온에게 이미 전에도 주셨던 승리에의 약속을 다시 언급하며 확인해 주시는 하나님을 봅니다.

하나님의 언약은 거듭되고, 반복이 있음을 깨닫습니다.

"이 물을 핥아 먹은 삼백 명으로." 전에도 읽었던 문장이었는데, 오늘, 새롭게 깨닫습니다. 하나님께서는 이스라엘 군대에서 불신앙적인 모든 요소를 제거하신다는 것이지요.

그런 후에, 오직 '믿음으로 준비된' 사람들이 선발되게 하셨습니다. 만일, 제가 하나님께서 함께 하실 수 없는 것들을 갖고 있다면 하나님께 드려질 수 없음을 확인합니다.

그런 상황에서는 일을 해보았자 하나님의 역사가 나타날 수 없음을 배웁니다. 선발된 삼백 명으로 비로소 이스라엘의 구원을 위해 본격적으로 역사하셨음을 압니다.

그렇다면 이 원리로 오늘을 지내게 하시옵소서. 하나님의 일을 하려는 열심을 갖기 전에, 저에게 제거되어야 하는 것들이 있는지 보게 하시옵소서.

하나님께서 저를 사용하실 수 없는 것들은 제거시켜 주시옵소서.

예수님의 이름으로 기도합니다. 아멘

하나님 아버지,
미디안이 그 머리를 들지 못하게 하시니 감사합니다. "미디안이 이스라엘 자손 앞에 복종하여" 기드온이 사는 사십 년 동안에 평안하게 하신 줄로 믿습니다.
미디안은 기드온에 져서 그들의 세력이 매우 약화되었음을 생각합니다. 그들을 하나님께서 꺾으셨다고 깨닫습니다. 그들이 도리어 이스라엘에게 복종하다니요?
하나님의 역사에 감격합니다. 하나님께서 치시면 다시 일어설 자가 없다는 것에 주목합니다. 하나님께서 함께 하시면 어떤 세력도 대항할 수 없음을 확신합니다.
'그 머리를 들지 못하였으므로.' 그렇습니다. 하나님께서 함께 해 주시는 저에게는 대적이 될 상대가 없음을 인정하게 하시니 감사합니다.
이제, 저의 생각을 하나님께 두어, 세상에 대적이 될 대상이 없음을 선포하게 하시옵소서. 하나님께서 이기십니다!
사십 년 동안에 이스라엘이 편안했음은 하나님의 선물이었다고 결론을 짓습니다. 하나님께서 자기 백성을 대적의 손에서 구원해 주신 은총, 그것을 저의 것으로 사모하면서 오늘을 지내게 하시옵소서.
평안을 주시는 하나님께 영광의 찬미를 드리게 하시옵소서.

예수님의 이름으로 기도합니다. 아멘

9:9 감람나무가 그들에게 이르되 내게 있는 나의 기름은 하나님과 사람을 영화롭게 하나니 내가 어찌 그것을 버리고 가서 나무들 위에 우쭐대리요 한지라

하나님 아버지,
감람나무가 대답하기를, "어찌 그것을 버리고"라고 하게 하시니 감사합니다. 감람나무에게는 자신의 본분(사명)이 있는데 그것을 지키겠다고 한 줄로 믿습니다. 자신의 역할에 대하여 생각하게 합니다.
감람나무에서 얻게 되는 기름은 불을 켜기도 하고, 약용으로, 식용으로, 윤활유로 사용하지요. 기름을 내어 남을 이롭게 합니다.
그러므로 "나의 기름은 하나님과 사람을 영화롭게 하나니"라는 대답으로 나무들 위에 우쭐대라는 제안을 거절했다고 깨닫습니다. 감람나무는 자기를 알았습니다. 그에게 행복은 하나님과 사람에게 가장 값진 기름을 공급하는 것이지요.
오늘, 저에게 주어져 있는 본문을 생각하는 것에 한 날의 방점을 두게 하시옵소서. '내가 어찌 그것을 버리고'라는 짧은 문장을 저에게 주시옵소서. 제가 살아가는 날 동안에 평생 간구로 삼기를 원합니다.
자신의 본분을 깨달음으로 어리석은 길로 나아갔던 자기를 치유하게 하시며, 자신의 본분으로 이웃에게 다가가 섬김으로써 이로움을 주는 삶으로 이끌어 주시옵소서.
하나님께서 섭리하시며, 저의 인생을 사용하시려는데 드리게 하시옵소서.

예수님의 이름으로 기도합니다. 아멘

하나님 아버지,
"이방 신들을 제하여 버리게" 하시니 감사합니다. 그들이 곤고를 겪는 시간에, 하나님께서는 마음에 근심하셨음을 믿습니다.
그들의 반복적인 범죄로 그들의 부르짖음을 들어주지 않으시며 구원하지 않으시겠다고 선언하신 하나님이십니다. 그들에게 회개를 하도록 이끌어 주셨음에 감사합니다.
- 하나님께 자기들의 죄를 고백하도록 하시다.
- 죄를 고백하되 아주 구체적으로 회개하게 하시다.
- 하나님의 뜻에 복종할 마음의 준비를 갖게 하시다.
- 그 후에, 자신들이 고백한 그 죄로부터 떠나도록 하시다.
'참 회개'를 하도록 하신 하나님을 묵상합니다. 그렇습니다. 제가 회개를 드린다 할 때, 마음에 없는 회개의 말을 얼마나 드려왔는지요?
저에게도 마음으로 회개하는 것을 가르쳐 주시니 감격스럽습니다. 하나님은 비록 저 자신의 죄로 제가 어려움에 처해져서 힘들어 할 때, 저 때문에 근심하고 계시다는 사실에 눈물이 쏟아집니다. 용서해 주시옵소서.
하나님의 뜨거운 사랑을 잊고 지냈던 저였습니다. 저에게 근심하시는 사랑을 기억하며 오늘을 지내게 하시옵소서.

예수님의 이름으로 기도합니다. 아멘

11:11 이에 입다가 길르앗 장로들과 함께 가니 백성이 그를 자기들의 머리와 장관을 삼은지라 입다가 미스바에서 자기의 말을 다 여호와 앞에 아뢰니라

하나님 아버지,
이스라엘의 장관을 수락한 입다가 "자기의 말을 다 여호와께 아뢰게" 하시니 감사합니다. 하나님께서 이스라엘을 구원해 주시려고 입다를 장관으로 세워 주신 줄로 믿습니다. 그의 성장환경은 우울하였지만 그것이 하나님께서 그에게 만들어주신 무대였음을 확인합니다.
암몬 자손이 쳐들어오니 이스라엘에는 싸울 준비도 안 되었고, 대항할 힘도 없음을 알자 당황할 수밖에 없었지요. 하나님께서는 이스라엘의 장로들에게 자기들이 쳐내었던 입다를 찾아와서 자기들의 장관이 되어 달라고 요청하게 하셨습니다.
암몬 자손이 이스라엘을 치려하였을 때, 입다를 위하여 마련해주신 '원수 앞에 차려진 상'과 같은 것이었다고 해석합니다. 하나님께서는 여호와 앞에 선 자에게 기회를 주심을 깨닫습니다.
입다의 말 중에서, "여호와께서 그들을 내게 붙이시면"이라는 고백에 은혜를 받습니다. 그는 누가 보더라도 힘이 있는 용사였는데, 그가 자신의 힘으로 승리할 수 있다고 장담하지 않음을 배웁니다.
그의 겸손으로 나타난 하나님께의 신뢰를 배우게 하시옵소서. 저를 큰 용사로 세워 주시는 하나님을 기대하게 하시옵소서.

예수님의 이름으로 기도합니다. 아멘

하나님 아버지,
입다가 자신을 생각하지 않고, 암몬 자손을 치게 하시니 감사합니다. 하나님께서 그에게 암몬 자손을 넘겨주시려고 그리하게 하신 줄로 믿습니다. 이스라엘을 구하시는 하나님의 '열심'이라고 믿습니다.
입다의 승리는 그가 자신의 목숨을 돌보지 않음에 대한 하나님의 응답이라고 깨닫습니다. 하나님을 감동시킨 그의 모습에 감격합니다.
말과 혀로만 사랑하지 말고, 행함과 진실함으로 하라 하셨는데, 입다는 이스라엘을 위하여 자신의 목숨을 내어놓았습니다.
주님을 생각합니다. 주님께서는 자신의 목숨을 돌보지 않으시고, 자신을 죽이려는 자들에게 내어주셨습니다.
'내 손에 넘겨주셨거늘.' 입다의 말은 하나님을 감동시킨 자의 고백으로 은혜가 되게 합니다. 여호와께서 이 전쟁을 이기게 하셨다고 고백하는 입다를 배우게 하시옵소서. 그가 자기의 목숨을 돌보지 않았다는 것을 저의 정신으로 삼게 하시옵소서. 이스라엘을 구원하신 하나님, 하나님의 마음에 합한 입다를 사용하여 하나님의 뜻을 성취하셨다고 깨닫습니다.
오늘, 저에게도 하나님께 사용되어 하나님의 일을 이루는 도구가 되게 하시옵소서.

예수님의 이름으로 기도합니다. 아멘

13:5(하) 이 아이는 태에서 나옴으로부터 하나님께 바쳐진 나실인이 됨이라 그가 블레셋 사람의 손에서 이스라엘을 구원하기 시작하리라 하시니

하나님 아버지,
삼손을 "하나님께 바쳐지게" 하시니 감사합니다. 블레셋의 손에서 이스라엘을 구원하시려고 계획을 세우신 줄로 믿습니다. 하나님께서 자기의 뜻을 위하여 그의 부모에게 주신 선물이라 생각합니다.
나실인, 하나님께 소명을 받은 자로서 하나님께서 자신의 뜻대로 성별한 자라고 확인합니다. 삼손을 나실인으로 선택하셔서 일생을 드려진 자로 살아가도록 하신 하나님이십니다. 삼손에게 거룩한 의무를 주신 것을 배웁니다.
- 머리를 깍지 말라. 그에게 하나님께서 계신다는 것이지요.
- 포도주와 독주를 금하라. 취해서 방자하지 말라는 것이지요.
- 부정한 것을 먹지 말라. 자신을 거룩하게 하라는 것이지요.
아하, 그렇습니다. 저를 하나님의 자녀로 삼아 주셨음에 저에게도 지켜야 될 의무가 있을 텐데 그것에 무지했습니다. 용서해 주시옵소서.
신령한 의미에서 나실인으로 살아야 했음을 돌아봅니다. 죄에서 구원 받고, 천국 백성이 되었다는 것에 만족한 채로 살았던 저였습니다. 자기를 구별하기를 먼저 지키게 하시옵소서.
오늘, 성경을 첫 장부터 읽으면서 천국 백성을 배워 지내게 하시옵소서.

예수님의 이름으로 기도합니다. 아멘

하나님 아버지,
"여호와의 영이 삼손에게 강하게 임하니" 감사합니다. 삼손에게 사자를 찢도록 하심은 장차 블레셋을 크게 패망시킬 것을 암시하는 것인 줄로 믿습니다. 힘을 주시는 하나님을 생각합니다.
삼손에게 주어진 힘, 괴력이라 할 수 있는 그 힘은 하나님께로부터 나온 것이라고 여깁니다. 하나님께서 사람을 선택하여 도구로 삼으실 때 그 선택을 수행하도록 힘도 주신다고 깨닫습니다.
나실인으로 태어났으나 삼손은 자기를 구별하는데 많이 부족했다고 여겨집니다. 자신이 대적해야 했던 블레셋, 그 땅의 여인을 사랑했고, 죽은 사자의 시체에서 꿀을 따 먹는 등 불순종의 행진을 했지요.
오늘, '여호와의 영이 임하니'라는 문장에 눈을 크게 뜹니다. 하나님께서 삼손을 사용하여 블레셋을 치도록 하셨습니다. 그 자신은 하나님께의 거룩함을 훼손했지만 하나님께서는 그를 사용하셨지요.
하나님께서 이스라엘을 구원하심을 쉬지 않으셨다고 깨닫습니다. 하나님의 계획을 성취해 내신다는 것에 주목합니다.
자기의 계획을 성취하시는 하나님 앞에서 저 또한 하나님께의 충성을 끝까지 하도록 하시옵소서.

예수님의 이름으로 기도합니다. 아멘

15:19(상) 하나님이 레히에서 한 우묵한 곳을 터뜨리시니 거기서 물이 솟아나오는지라 삼손이 그것을 마시고 정신이 회복되어 소생하니

하나님 아버지,

"한 우묵한 곳을 터뜨리시니 거기서 물이 솟아나오게 하시니 감사합니다. 위기를 맞은 삼손에게 소생의 은혜를 주신 줄로 믿습니다. 하나님께서 그에게 한 우묵한 곳을 터뜨리셔서 물을 주셨다고 깨닫습니다.

생존의 위기에서 삼손을 살려주신 하나님께 감격합니다. 혼자의 힘으로 수많은 블레셋 사람들을 대적하다가, 탈진에 이른 그가 목이 말라 죽을 위기에 처했을 때, 하나님을 찾게 하셨습니다. 과연, 그는 하나님을 자기의 도움으로 삼았다는 것을 생각합니다.

물을 마시고 힘을 얻는 그가, 물을 주신 하나님 앞에서 그 곳의 이름을 부르짖는 자의 샘, '엔학고레'라고 한 삼손의 신앙을 배웁니다.

오늘, 저에게도 목마를 때에 마실 수 있는 기도의 샘이 있어야 한다는 것을 확신합니다. 하나님은 저에게도 '엔학고레'의 은혜를 주실 줄로 믿습니다. 목이 마를 때마다 물을 마심을 경험하게 하시옵소서.

살아가면서 생존을 위협하는 위기를 만났을 때, 어떻게 빠져나갈까를 찾지 않고, 하나님께로 나아가게 하시옵소서. 아무리 절망적인 상황에 빠졌어도 붙잡아서 일으켜 주실 것을 확신합니다. 하나님을 구하여 도움을 요청하게 하시옵소서.

예수님의 이름으로 기도합니다. 아멘

하나님 아버지,
삼손에게, "이번만 나를 강하게 하사"라고 간절한 외마디의 간구를 하게 하시니 감사합니다. 하나님 앞에서 자신의 잘못을 철저하게 회개한 삼손을 받아주신 하나님의 은혜인 줄로 믿습니다.
삼손의 간구에 응답하심으로써 블레셋을 물리쳐 주시고 이스라엘 백성을 구해주셨다고 깨닫습니다.
하나님의 살아계심을 나타내고, 블레셋을 멸하게 해 달라는 간구는 하나님의 영광을 위한 기도였습니다. 자기 백성을 위하시는 하나님의 열심에 감격합니다.
오늘, 저의 간구를 되돌아보게 하셨습니다. 꿇은 무릎에서 저림을 느껴야만 비로소 숨을 한 번 들이마시던 기도가 습관이 되었는데, 그것이 아님을 깨닫습니다.
하나님의 영광을 구했던 삼손의 간절함을 저에게도 주시옵소서. 자신을 회개하면서 '이번만'이라는 간절함으로 눈물을 쏟았던 심정을 저의 것으로 삼게 하시옵소서.
하나님의 편에 서서 하나님을 구하는 간구여야 한다는 것을 배웁니다.
하나님의 영광이 세상에 드러나도록 하는 간구, 성령님께 마음을 드려서 바쳐지는 간구로 나아가게 하시옵소서.

예수님의 이름으로 기도합니다. 아멘

17:6 그 때에는 이스라엘에 왕이 없었으므로
사람마다 자기 소견에 옳은 대로 행하였더라

하나님 아버지,
"이스라엘에 왕이 없었으므로"라는 말씀을 읊조리며, 안타까운 마음을 가져봅니다. 하나님 앞에서 살아가야 될 사람이 하나님을 거절하니 자신의 소견에 따라 행하는 것이었음을 깨닫습니다.
하나님을 섬기지 않으니 생각해야 하는 것이나 행동해야 하는 것에 기준이 없어, 자기의 생각에 좋은 대로 따랐음을 알게 됩니다. 하나님이 없는 삶의 모습은 인생에게 저주나 다름이 없음을 확인합니다.
하나님의 백성은 하나님의 말씀대로 순종하겠지요. 하나님의 말씀대로 생각하고 행동하는 것이 하나님의 백성된 증표라 여깁니다.
제가 정말로 두려워해야 할 것은 나름대로의 생각으로 하나님을 섬기는 것입니다. 하나님이 아닌 것을 하나님으로 대치하지 않고, 혹시라도 재물에 탐심을 부리며, 재물을 우상으로 삼지 않게 하시옵소서.
하나님을 섬긴다고 하지만 그 섬김이 '자기의 마음대로, 자기의 생각대로'를 거절하고, 하나님의 말씀을 따름이 되게 하시옵소서. 만일, 제가 하나님의 말씀과 하나님의 뜻을 제켜두고 자신의 소견에 옳은 대로 행하고 신앙하며 살아가는 것은 사실, 하나님과는 상관없는 것임을 깨닫습니다. 하나님을 기준으로 삼게 하시옵소서.

예수님의 이름으로 기도합니다. 아멘

하나님 아버지,
단 자손이 자기들을 위하여 새긴 신상을 세웠던 죄악에 대하여 묵상합니다. 우상을 숭배하는 죄는 확장되어서 모세의 자손을 제사장으로 삼는 죄악도 저지르게 했음을 깨닫습니다.
하나님을 등지고, 자기들의 소견에 따르니, 하나님의 말씀에서 떠나게 하였다고 생각합니다. 이미 지은 죄로 말미암아 하나님을 두려워하지 않고, 죄를 더하는 꼴이 되고 말았습니다.
저는 어떠한가요? 저에게 있는 하나님을 떠난 신앙자의 행태를 거절하게 하시옵소서.
- 제가 고안해 낸 하나님을 섬기고 있지는 않은지요?
- 하나님이 아니라 제가 재판장이 되어 따르지는 않고 있는지요?
- 성령님의 역사를 도구로 삼으려 하지 않았는지요?
오늘, 저에 대한 주권이 하나님께 있음을 인정하면서 감사하게 하시옵소서.
만일, 저의 생각에 따라 만든 하나님이 있다면 지금 곧 철거하게 하시옵소서.
그것이 무엇이든 버리게 하시옵소서. 성령님께서 강권하셔서 불신앙자의 태도를 척결하시고, 소멸해 주시옵소서.

예수님의 이름으로 기도합니다. 아멘

19:23 집 주인 그 사람이 그들에게로 나와서 이르되 아니라 내 형제들아 청하노니 이 같은 악행을 저지르지 말라 이 사람이 내 집에 들어왔으니 이런 망령된 일을 행하지 말라

하나님 아버지,
“내 형제들아 청하노니 이 같은 악행을 저지르지 말라.” 고 권면하는 말씀을 듣게 하시니 감사합니다. 당시의 불의했던 세태에서 하나님의 종을 위하며 보호하려 했다고 믿습니다.
그 집의 주인이 불량자들에게 자기의 딸과 레위인의 첩을 내어주겠다는 것은 옳은 일은 아니었지요. 그러나 하나님께 구별된 지파의 자손에게 죄를 짓지 않게 하시려는 하나님의 은혜를 봅니다.
오늘, 성령님께서 저를 견책하시는 감동을 받습니다. 하나님께 복을 달라고 구하면서도, 저 자신이 악인이 되어 있음을 모르고 지냈습니다. 용서해 주시옵소서.
‘악행을 저지르지 말라.’는 나무람에 저의 마음을 꿇습니다. 저에게 있는 악행을 보게 하셨습니다. 이제라도 제가 ‘악행’에서 돌아선다면 소망이 있겠지요. 그 은혜에 감격스럽습니다.
악함이라는 물결을 거슬러 오르지 못하고, 그 물결을 즐기고 있는 저를 보게 하셨습니다. 하나님께 망령되지 않도록 저를 살피게 하시옵소서.
하나님께 옳지 못한 것은 그것이 설령 저의 몸의 일부라일지라도 찍어내게 하시옵소서. 의를 구하게 하시옵소서.

예수님의 이름으로 기도합니다. 아멘

하나님 아버지,
"여호와께서 이스라엘 앞에서 베냐민을 치시매"라고 하시니 감사합니다. 하나님께서 이스라엘을 도우시고, 그들에게 응답해 주셔서 승리로 응답 받게 하셨다고 믿습니다.
베냐민과의 전투를 벌여야 함에서 이스라엘을 위하여 그들에게 기브아 사면에 군사를 매복하는 전략을 세우도록 하신 하나님께 감격합니다. 하나님은 이기게 하시며, 이기도록 방법을 주시기도 하신다고 확신합니다.
'여호와께서 베냐민을 치셨다!' 이 말을 읊조리면서 오늘을 지내게 하시옵소서. 베냐민의 죄악에 대한 하나님의 심판을 기억하는 한 날로 지내기를 원합니다. 이로써 하나님의 심판에 주목하려 합니다.
여호와께서 베냐민을 치실 때, 이스라엘 백성에게 전략을 세우도록 하신 하나님께 찬양을 올려 드립니다. 하나님께서는 자기의 일을 위하여 때로는 자기 백성에게 지혜를 주시고, 생각하도록 하십니다.
오늘, 하나님 앞에서 자기의 행실에 대한 심판을 잊지 않게 하시옵소서. 하나님께서 성취하실 일을 위하여 생각을 하도록 하시옵소서.
하나님의 섭리와 경륜을 이루심에 도구로 드려지게 하시옵소서.

예수님의 이름으로 기도합니다. 아멘

하나님 아버지,
베냐민 지파의 남자들에게 "실로의 딸 중에서 각각 하나를 붙들"라고 하시니 감사합니다. 베냐민 지파에게 후손이 끊어지는 것을 막기 위한 하나님의 은혜인 줄로 믿습니다.
처녀들이 보쌈을 당하는 일에서, 응징을 당한 베냐민 지파를 위한 하나님의 섭리를 생각합니다. 베냐민 지파가 사라지게 될 위기에서 하나님의 '보호수단'에 대하여 감격합니다. 이로써 이스라엘의 12지파를 보존하시는 하나님의 은총을 보여 주셨습니다.
오늘, 제가 살아감에서 하나님의 보호수단에 감사합니다. 제가 주신 사명에 소홀히 할 때, 하나님께 영광을 가리었을 때, 죄를 저질렀을 때 나무라시지만 한편으로는 다시 일어서도록 손을 잡아 주시는 하나님이셨습니다.
- 하나님을 아버지로 잊지 않도록 곁에 계시는 은혜
- 하나님께 종으로 세워지도록 붙잡아 주시는 손길
하나님이 계시므로 다시 일어섭니다. 눈물을 쏟는 눈에서 인자하신 미소로 보여 주시는 하나님을 봅니다.
'이제는 끝일 것 같았는데' 다시 일어나도록 세워주시는 하나님께 결단하게 하시옵소서.

예수님의 이름으로 기도합니다. 아멘

하나님 아버지,
나오미에 대한 오르바와 룻의 행동에서 신앙자의 모습을 배우게 하시니 감사합니다. 룻은 시어머니를 떠나지 않아, 사랑의 의미를 깨닫게 해주셨다고 믿습니다.
시어머니를 떠나지 않겠다는 룻의 다짐에서 신앙자의 결단에 대한 배움을 주셨다고 생각합니다. 시어미를 따름이 고향을 떠나야 하는 것인데 '떠남'을 교훈해 주시니 감격합니다.
쫓기 위해서는 떠남이 경험되어야 한다는 진리를 가슴에 담게 하시니 감사합니다.
저의 모습은 어떠한지요? 하나님을 쫓겠다면서 여전히 제 손에 쥐고 있었던 것들을 버리지 못하고 있습니다. 입술의 말로는 하나님을 사랑한다지만 저의 두 손에는 세상의 것들이 잔뜩 쥐어져 있습니다. 용서해 주시옵소서.
그렇지만, 오늘, 저에게 제가 들고 있는 것을 보게 하셨습니다. 이 사실을 은혜로 받아들입니다. 저의 행실을 보았으니까요?
버려야 할 것들을 버리지 못하고, 거절해야 하는 것이 무엇인지 깨닫지 못했는데, '룻의 떠남'에서 결단을 배웁니다.
- 나만 홀로 외톨이가 된다 하여도 하나님을 따르게 하시옵소서.

예수님의 이름으로 기도합니다. 아멘

하나님 아버지,

보아스가 룻에게 "나의 소녀들과 함께 있으라."한 말을 오늘, 듣게 하시니 감사합니다. 룻에 대한 보아스의 친절로 말미암아 인생에게 호의를 베풀어 주시는 주님을 증거해 주신 줄로 믿습니다.

보아스에게서 인생에게, 특히 죄인에게 긍휼을 베풀어주시는 주님을 대하게 되어 감격합니다. 구원을 받은 죄인이 주님에게서 떠난다면 그것은 저주라는 것을 확인합니다. 인자하신 얼굴의 주님의 품, 다른 데로 가지 않고, 여기에만 있겠다고 다짐하게 하시옵소서.

'나와 함께 있으라.' 사실, 저에게도 음성으로 들려 주셨던 말씀이 있었습니다. 허덕이며 지쳐 있었을 때, 다른 데로 가지 말라고 하셨던 음성이었습니다. 주님의 인자하심에 눈물을 쏟습니다.

보아스의 호의에서 주님을 뵙게 하십니다. 그의 말에서 저에게 하시는 주님의 음성을 듣습니다. 제가 살아가는 평생의 시간에, 다른 밭으로 눈을 뜨지 않게 하시옵소서. 다른 밭을 향해서 어슬렁거리지도 말게 하시옵소서.

저에게 은총이 되어 주신 하나님의 품에 안겨 지낼 것을 결단합니다. 저는 주님의 호의로만 살아갈 수 있음을 고백합니다.

예수님의 이름으로 기도합니다. 아멘

하나님 아버지,
룻에게 했던 보아스의 말, "내가 네 말대로 네게 다 행하리라."를 받게 하시니 감사합니다. 죄인에게 구원을 약속해 주신 주님의 언약을 상기시켜 주시는 줄로 믿습니다.
보아스로부터 들은 말 때문에 룻에게는 놀라운 기쁨이 되었을 것입니다. 어떤 사람이, 또한 누가 들은 대로 행하겠다고 약속할 수 있겠습니까?
보아스의 대답을 빌려서 하나님께서 우리 인생에게 주시는 언약이라고 믿습니다.
오늘, 언약에 대한 깨달음을 받습니다. 성경을 읽으면서 그 본문이 자기 백성에게 주시는 하나님의 언약이라는 것을 확신합니다.
저에게도 성경으로 이미 말씀해주신 언약의 성취를 기대할 때, 감격스럽습니다. 하나님의 말씀을 기다리게 하시옵소서.
지금, 저는 초라하지만 저의 모습을 감추어 주실 하나님의 광채를 바라봅니다. 저의 비천함을 감추어주실 하나님을 바라봅니다.
제가 간구할 때, 저의 소원대로 응답해 주실 하나님을 생각합니다. 룻이 받았던 은혜로 오늘을 지내게 하시옵소서. 하나님께서 응답해 주시는 삶으로 영광을 드리는 한날이 되게 하시옵소서.

예수님의 이름으로 기도합니다. 아멘

4:13 이에 보아스가 룻을 맞이하여 아내로 삼고 그에게 들어갔더니 여호와께서 그에게 임신하게 하시므로 그가 아들을 낳은지라

하나님 아버지,
"여호와께서 그에게 임신하게 하시므로"라는 구절을 읽게 하시니 감사합니다. 룻에게 임신을 하도록 하여 보아스의 후손을 잇고, 그녀에게 주님의 계보를 잇도록 사용하신 줄로 믿습니다.
죄인을 구원해주시려는 하나님의 섭리에 이방 여인 룻이 사용되었음을 깨닫습니다. 룻을 사용하신 하나님께 저 역시 사용이 될 수 있다는 것을 생각하니 감격합니다. 하나님의 일에 쓰여 지고, 그 영광을 드러내는 데 사용될 것을 기대합니다.
'하나님께 사용되어짐.' 그렇습니다. 이 두 마디의 낱말로 살아가는 오늘로 삼게 하시옵소서.
오늘, 저를 하나님께 온전히 드림이 되게 하시옵소서. 하나님의 소용대로 쓰여 지게 하시옵소서.
오늘을 지내는 동안에, 하나님께서 섭리하심에 순종하게 하시옵소서. 하나님의 영광은 그에게 드려져서 사용될 때, 성취되리라 믿습니다.
- 하나님의 의도에 생각을 고정시키게 하시옵소서.
- 하나님의 뜻에 행동의 초점을 두게 하시옵소서.
- 하나님께서 원하실 때, 언제나 일어서게 하시옵소서.
오늘은 저의 날이 아니라 주님의 날로 지내게 하시옵소서.

예수님의 이름으로 기도합니다. 아멘

하나님 아버지,
오늘, "때가 이르매 아들을 낳아"라는 말씀을 하나님의 음성으로 받게 하시니 감사합니다. 한나는 자신의 시간을 원했지만 하나님의 시간에 그녀에게 아들을 주셨다고 믿습니다.
한나의 고통과 하나님의 응답에서 시간에 대한 진리를 생각하게 됩니다. 하나님을 나의 편으로만 여기고, 하나님을 나의 시간에 맞추려 했었음이 바로 불신앙이었음을 깨달음에 감격스럽습니다.
오늘, 기도의 응답이 무턱대고 이루어진다는 몰지각과 불신앙에서 깨어나게 하시니 감사합니다. 저의 성급함으로 때때로 하나님을 기다리지 못하고, 오만했었음을 회개합니다.
간구가 하나님께로 달려가는 은총이었다면 응답은 하나님의 때를 기다림이라고 여기게 하시옵소서.
기도는 기다림이라는 것을 깨닫게 해주시니 감사합니다. 마음을 쏟아놓는 간구에서 제가 정말로 무엇을 원하는지를 기다리게 하시고, 저의 심령 깊은 곳에 있는 것까지도 끌어내면서 하나님을 기다리게 하십니다.
한나에게 기도하며 하나님의 때를 기다리게 하셨듯이, 오늘도 저의 간구가 계속되게 하시옵소서. 하나님의 시간을 기다리게 하시옵소서.

예수님의 이름으로 기도합니다. 아멘

2:17 이 소년들의 죄가 여호와 앞에 심히 큰은
그들이 여호와의 제사를 멸시함이었더라

하나님 아버지,
여호와의 제사를 멸시함이 하나님께 심히 큰 죄라는 것을 깨닫게 해주십니다. 엘리가 하나님보다 자신의 자식들을 더 사랑했던 결과, 그들이 여호와의 제사를 멸시하는 행실에 이르렀다고 생각합니다. 엘리가 자녀에게 신앙교육을 바르게 하지 못했기 때문이겠지요.
그들이 엘리의 아들이 아니었을지라도 하나님을 바르게 알았더라면 하나님께 무례하지 않았을 겁니다. 그들로 말미암아 하나님 앞에서 그들 자신이 망하고, 엘리도 망하고, 나라도 위기에 직면했습니다.
이로써 하나님 앞에서의 삶에 대한 교훈을 주시니 두렵습니다.
오늘, 저는 하나님 앞에서 어떠합니까? 저에게도 '여호와의 제사를 멸시함이' 있을 것입니다.
제가 인식하지 못하여 하나님께 죄가 되는 행동을 서슴지 않았을 것입니다. 용서해 주시옵소서.
하나님께 무지하여 죄악된 행실로 지냈습니다. 하나님 앞에서의 삶에 대하여 '보고 배운 것'이 부족하여 하나님을, 하나님께 드려야 하는 것을 멸시한 적이 얼마나 더합니까?
오늘 이후로는, 하나님을 배우는 것에 열심을 내게 하시옵소서. 하나님을 섬김을 배우게 하시옵소서.

예수님의 이름으로 기도합니다. 아멘

하나님 아버지,
사무엘에 대하여, "여호와께서 그와 함께 계셔서"라고 하시니 감사합니다. 사무엘을 영적인 지도자로 세우시려고 하나님께서 그와 함께 해 주신 줄로 믿습니다.
이스라엘의 영적 기상도가 암울했던 시대에, 하나님께서 선지자로 세우시려고 사무엘을 준비시켰다고 깨닫습니다. 하나님께 구별된 레위의 후손도 아니었지만 영안이 어둡고 영력이 떨어진 엘리의 뒤를 잇게 하셨음에 감격합니다.
'여호와께서 함께 계셔서'라는 세 낱말을 마음에 새기게 하시옵소서. 제가 지내오는 동안에 과연 하나님은 어디에 계시는지요? 저 하늘에 계십니까? 아니면 성경(책) 속에 계십니까?
바로 저의 옆에서 저와 함께 계시는 하나님을 찾아내게 하시옵소서. 하나님은 늘 저와 함께 하시는데, 제가 하나님을 떠났었지요.
스스로 마음을 빼앗겨 욕심에 미혹되고, 하나님을 거절하여 하나님이 없이 지내온 저였음을 고백합니다. 용서해 주시옵소서.
이제는 하나님을 떠나지 않게 하시옵소서. 하나님께 붙들려져서 하나님의 말씀이 그대로 성취됨을 보게 하시옵소서.

예수님의 이름으로 기도합니다. 아멘

하나님 아버지,

"영광이 이스라엘에서 떠났다."는 기록을 깨닫습니다. 이스라엘이 블레셋과의 전쟁에서 졌지만, 사실은 이것은 엘리 집안에 대한 하나님의 심판이었다고 알도록 하십니다. 엘리의 아들들, 하나님을 경외하지 않고, 오히려 하나님을 멸시했던 그들에게 심판이 내려졌음을 생각합니다. 하나님은 블레셋과의 전쟁을 통해 아주 철저하게 제사장 엘리 집안을 심판하셨습니다.

하나님은 잘못된 신앙관에 젖어 있는 이스라엘 백성도 전쟁에서 크게 지게 하셨습니다.

하나님께 구별된 것을 사람이 생각에 따라 손을 댄다는 것은 불신앙과 달리 하나님께의 범죄라는 것을 알게 하셨음에 감사합니다. 언약궤를 자기들의 호신용으로 이용하려 했던 이스라엘 백성의 과오를 생각하게 하십니다.

제가 저 자신에게 성도라고 내세우지 않고, 하나님을 경외하게 하시옵소서. 하나님을 경외하는 참 신자로 세워주시옵소서. 그때, 비로소 하나님과 저 자신을 구별하게 되고, 저의 행실 역시 거룩해지리라 믿습니다.

하나님을 섬김에 주목하게 하시옵소서. 하나님을 두려워하며, 그 앞에서 떨게 하시옵소서. 그때, 율례와 법도도 사랑하게 될 줄로 믿습니다.

예수님의 이름으로 기도합니다. 아멘

하나님 아버지,
"여호와의 손이 아스돗 사람에게 엄중히 더하사"라고 하시니 감사합니다. 독한 종기의 재앙이 내리게 함으로써 언약궤를 두어야 될 자리, 하나님께서 구별하신 성소에 대한 원칙을 천명하셨다고 믿습니다.
블레셋에 패하자, 언약궤를 자기들의 곁에 두어서 이기려 했던 이스라엘 백성의 불신앙을 생각합니다. 하나님의 것에 손을 대어서 언약궤를 이용하려 했던 죄를 알게 하셨습니다.
인간이 자신의 유익을 위해서 하나님을 이용하려 한 죄악에 대하여 깨닫게 하시니 감격스럽습니다.
이스라엘에 대승을 거둔 블레셋이 하나님의 언약궤를 빼앗다니요? 그들의 무례함에 하나님께서 진노하셨다는 것을 깨닫습니다.
오늘, 하나님 앞에서 겸손해야 한다는 것을 마음에 새겨둡니다. 자신의 우월함을 나타내려고 하나님께 함부로 하지 않게 하시옵소서. 하나님께서 저의 불의함에 대하여 심판을 하시기 전에, 주의하게 하시옵소서. 하나님의 것을 저의 마음에 따라 손을 대지 않게 하시옵소서.
하나님을 하나님으로 인정해드림에서 거룩함을 지니게 하시옵소서. 마음의 생각으로나 아주 사소한 행실에서 하나님을 경외하게 하시옵소서.

예수님의 이름으로 기도합니다. 아멘

하나님 아버지,
암소가 벧세메스 길로 갈 때, "울고 좌우로 치우치지 아니하였고"에서 진리를 깨닫습니다. 암소들은 동물이었지만 하나님의 절대 주권 속에서 어느 쪽으로도 치우침 없이 벧세메스로 행한 줄로 믿습니다.
어린 송아지를 블레셋 땅에 남겨 두고 벧세메스로 떠나는 암소들의 모성애가 울도록 하였을 것이라 생각합니다. 암소들이 언약궤를 이스라엘로 다시 옮겨가는 길에, '보이지 않는 힘', 즉 성령님께서 암소들을 이끄셨다고 확신합니다.
오늘, 성령님께서 저를 주관하시고, 성령님의 원하심에 따라 저를 이끄심을 믿습니다. 성령님께서 아주 세미한 음성으로 다가 오시든지, 한 점의 고운 바람으로 끌어당기실 때, 순종하게 하시옵소서.
하나님께 제가 드려야 될 반응은 '아멘'이라고 생각합니다. 성령님께서 강권하실 때, '아멘'으로 응답하여 일어나게 하시고, 성령님께서 원하시는 행동을 하라 하실 때, 오직 '아멘'으로 순종하여 따르게 하시옵소서.
여호와께 드려지는 오늘의 시간은 자기를 거절함이라 여깁니다. 마음과 생각을 거절하고, 성령님께 충만하게 하시옵소서.

예수님의 이름으로 기도합니다. 아멘

하나님 아버지,
하나님께서 사무엘에게, "여호와께서 여기까지 우리를 도우셨다."라고 선포하게 하시니 감사합니다. 이스라엘 백성이 블레셋을 물리친 이후에 사무엘은 하나님의 도우심에 이겼다는 고백의 돌을 세웠다고 믿습니다.
하나님께서 역사를 하셨음에 대한 반응으로 무엇을 하는 행동은 기억을 위한 고백이라 깨닫습니다. 하나님께서 자기 백성에게 일하심에 대한 고백을 하도록 하셨음에 감격합니다.
사실, 이스라엘 백성의 삶은 하나님의 이야기이며, 그들은 하나님께 감사로 응답해야 한다고 깨닫습니다.
오늘, 저에게도 하나님께 드릴 고백이 있습니다. "여기까지 저를 도우셨습니다." 그런데 제가 소홀했던 것은 하나님께서 하셨다고 인정은 했지만 '돌을 취하여 세우는' 것에 관심을 갖지 않았다는 것이지요. 용서해 주시옵소서.
하나님께서 저에게 하신 일들은 하나님이 살아계신다는 증거라고 확신합니다. 이 증거를 고백해야 되는데, 깨닫지를 못하였습니다.
하나님께서 하신 일들에는 감사로 선포하게 하시며, 기념물을 세우게 하시옵소서. 그리고 그 일에 대하여 이름을 새로 붙여서 저의 삶에 오래 기억하게 하시옵소서.

예수님의 이름으로 기도합니다. 아멘

8:6 우리에게 왕을 주어 우리를 다스리게 하라 했을 때에 사무엘이 그것을 기뻐하지 아니하여 여호와께 기도하매

하나님 아버지,
왕을 세워 그에게 다스림을 받으려 했던 이스라엘 백성의 죄를 생각하게 하시니 감사합니다. 이스라엘 백성은 하나님께서 그들을 보살피시고 다스리시는 것을 거절한 것이라고 깨닫습니다.
사무엘의 늙음과 그의 아들들의 악행을 빌미로 이스라엘 장로들이 하나님께로부터 떠나려 했음을 확인합니다. 그들이 인간 왕에게 다스림을 받겠다고 왕을 요구한 것은 하나님을 거절하려 한 죄라고 생각합니다. 그들은 하나님께서 다스리심을 기뻐해야 하였습니다.
먼저, 저를 용서해 주시옵소서. 하나님을 향한 저의 사랑이 습관처럼 되어가고, 식어져 있음을 회개합니다. 제가 주님을 처음으로 영접했을 때, 저의 가슴은 무엇으로도 붙잡을 수 없도록 뜨거웠는데 지금은 하나님의 성호를 불러도 가슴은 울렁거리지 않고, 습관만 남아 있습니다.
성경의 한 구절에서 가슴이 불타올랐고, 그 말씀이 좋아서 몇 번이라도 읊조렸는데 지금은 메마른 사막과도 같습니다. 이제, 다시 한 번 하나님을 부르게 하시고, 하나님을 왕으로 모시게 하시옵소서.
저의 사랑도 하나님께로부터 멀어지면 다른 것을 찾을 거라고 깨닫습니다. 하나님께 대한 대신할 것을 찾지 않도록 하시옵소서.

예수님의 이름으로 기도합니다. 아멘

하나님 아버지,
하나님께서 사울을 가리켜 사무엘에게, "내가 네게 말한 사람이니"라고 하셨던 말씀을 읊조립니다. 사울은 인간 왕을 원하는 이스라엘 백성에게 만족할 만한 사람이었지, 그 이상이나 이하가 아니었던 줄로 믿습니다.
자기들의 소견에 따라 좋은 대로 하기를 일삼았던 이스라엘 백성들, 그들이 자기들에게 만족함을 줄만한 인간 왕을 찾자, 하나님께서 사울을 선택해 주셨다고 확인합니다. 사울은 인간에게만 만족할 뿐, 하나님께는 선택이 될 왕이 아니었음을 깨닫습니다.
오늘, 저에게 기도의 바름을 배우게 하시니 감사합니다. 저의 간구가 왕을 구한 이스라엘 백성과 같지 않기를 원합니다. 하나님의 마음을 기쁘시게 해드리는 간구를 하게 하시옵소서.
어리석은 자의 간구를 거두게 하시옵소서. 저 자신도 그 의미를 모르는 기도를 하지 않게 하시며, 중언부언하지 않게 하시옵소서. 하나님의 원하심, 주님의 기도에서 깨달은 대로 여쭙게 하시옵소서.
저의 기도가 하나님께 영광이 되기를 원합니다. 하나님께 동역해 드리는 간구를 아뢰게 하시옵소서. 오늘의 한 마디 간구가 하나님의 일이 되어 지게 하시옵소서.

예수님의 이름으로 기도합니다. 아멘

10:22 그러므로 그들이 또 여호와께 묻되 그 사람이 여기 왔나이까 여호와께서 대답하시되 그가 짐 보따리들 사이에 숨었느니라 하셨더라

하나님 아버지,
사울이 왕으로 선출이 되었으나 짐 보따리 사이에 숨었던 것을 생각하게 하시니 감사합니다. 사울은 이스라엘 백성에게 눈으로 보기에 좋을 뿐인 겸손한 사람으로 비쳐졌을 뿐, 그가 하나님께 어떠한 사람인지는 말씀이 없었음을 깨닫습니다.
만일, 이스라엘을 위하여 부름을 받은 종이라면 하나님의 편에 서있는 사람이여야만 한다는 것을 생각합니다. 이스라엘 장로들이 인간 왕을 선택하고, 하나님의 다스리심을 거절했던 죄악을 기억하게 하시옵소서.
이스라엘이 누구의 나라입니까? 하나님의 나라에서 인간 왕을 구했던 이스라엘 백성의 어리석음이 저에게도 있음을 회개합니다. 저 자신을 하나님의 자녀라 말하면서도 제가 저의 주도권을 갖기를 원하지 않습니까?
하나님께로 엎드리기를 원합니다. 성령님께 자신을 내어드리게 하시옵소서. 성령님께서 저를 주장하게 하시옵소서. 제가 저에게 무엇을 하겠습니까? 저는 다만 하나님을 경외하며, 성령님께 순종하게 하시옵소서.
왕 앞에 선 신하와 같이 하나님을 기다리게 하시옵소서. 성령님께서 강권하실 때, 모든 것을 멈추고 성령님의 권고를 받게 하시옵소서.

예수님의 이름으로 기도합니다. 아멘

하나님 아버지,
"우리가 길갈로 가서 나라를 새롭게 하자."는 말씀에 하나님의 시작을 깨닫게 하시니 감사합니다. 이스라엘을 침공했던 암몬을 물리쳐 크게 승리한 사울이 길갈에서 새 각오로 시작하자고 한 것인 줄로 믿습니다.
암몬이 이스라엘을 쳐들어왔으나 하나님께서 암몬을 물리쳐 주셨습니다. 사울을 하나님의 영에 충만하게 하여 이기도록 하신 것이지요. 사울이 왕의로서의 리더십을 인정받도록 하셨다고 깨닫습니다.
'새롭게 하자.' 저에게 선포하는 말로 삼게 하시옵소서. 오늘, 하나님께 대한 결단의 시간을 갖게 하시옵소서. 하나님 앞에서 새롭게 결단하여 천국 백성의 삶으로 나아가게 하시옵소서. 세상을 향해서 주님께 제자의 신분을 확고히 하게 하시옵소서.
하나님의 자녀 된 신분을 잃고, 그럭저럭 지냈었다면 스스로에게 단호하게 하시옵소서. 자신을 하나님의 자녀로 구별하게 하시옵소서.
신자로서의 삶을 새롭게 하도록 성령님께서 강권해 주시옵소서. '지금, 여기에서' 살아가는 날 동안에 하나님의 나라를 확장시켜야 될 의무가 있음을 분명히 자각하게 하시옵소서.

예수님의 이름으로 기도합니다. 아멘

하나님 아버지,
사무엘의 권면을 빌어서, "여호와께서 너희를 위하여 행하신 그 큰일을 생각"하라 하시니 감사합니다. 하나님의 우리를 향한 관심은 자기 백성이 하나님과 어떻게 교제를 하는가에 있는 줄로 믿습니다.
사무엘은 '기도의 어머니'의 아들답게 기도의 사람이었다고 생각합니다. 그가 기도하기를 쉬는 것이 큰 죄라고 가르쳐 교훈을 받습니다. 그가 이스라엘 백성에게 그들을 위해서 기도하기를 쉬는 죄를 범하지 않겠다고 한 말을 듣게 하시옵소서.
오늘, 저의 하루는 하나님을 경외하는 시간으로 지내기를 원합니다. 마음을 다하여 하나님을 섬기기를 원합니다. 이 두 가지의 태도는 하나님께서 큰일을 해 주셨음에 대한 응답이라고 깨닫습니다.
하나님께서 저에게 '베풀어 주신 큰일들'은 저를 믿음의 사람으로 세워지도록 해주셨습니다. 신앙이라는 집을 모래 위에 짓지 않고, 반석 위에 짓도록 하셨습니다. 십자가 군병으로 살아가기에 부족하지 않도록 하셨습니다.
이에, 하나님 앞에서 오늘을 지내게 하시옵소서. 한 날의 시간을 기도로 이어가게 하시옵소서. 하나님께 엎드리게 하시옵소서.

예수님의 이름으로 기도합니다. 아멘

하나님 아버지,
"왕이 망령되이 행하였도다."라는 말씀을 받게 하시니 감사합니다. 하나님의 뜻을 아는 능력이 부족하여 규모 없이 행동하는 것을 나무라심이라고 믿습니다. 하나님을 모르면 어리석게 된다고 생각합니다.
"여호와의 눈은 온 땅을 두루 감찰하사"라는 말씀에 은혜를 받게 하십니다. 인간은 하나님의 시선을 피할 수 없다는 것이겠지요. 하나님께서 보시니까 하나님 앞에서 어리석지 않기를 다짐합니다. 저의 행실이 하나님께서 받으시는 제물이어야 한다는 것을 깨닫습니다.
사울이 하나님의 말씀에 불순종한 행위를 망령되었다고 지적을 받았다면 저는 수십 번을 지적당해야 했습니다. 저는 고의로 하나님의 말씀에서 떠났었고, 때로는 저에게 이익이 되는 대로 말씀을 왜곡했었습니다. 나아가 하나님의 말씀으로 저를 가렸습니다.
사무엘의 나무람을 저에 대한 책망으로 받게 하시니, 이것이 은혜입니다. 오늘 이후로는 하나님의 말씀에 비추어보고 행실로 옮기게 하시옵소서. 저의 옮음을 말씀으로 판단을 받게 하시옵소서. 사람에게는 잠시 거짓으로 속여도 하나님의 시선을 피할 수 없음을 기억하게 하시옵소서. 하나님께 정직하여 망령되지 않도록 하시옵소서.

예수님의 이름으로 기도합니다. 아멘

14:45(상) 백성이 사울에게 말하되 이스라엘에 이 큰 구원을 이룬 요나단이 죽겠나이까 결단코 그렇지 아니하니이다

하나님 아버지,

사울의 즉흥적이며, 어리석은 행동에 대하여 깨닫게 하시니 감사합니다. 이미 하나님께서는 사울이 아니라 요나단과 함께 하고 계셨다는 것을 믿습니다.

사울은 하나님의 말씀을 지키지 않으므로 이미 그의 마음이 하나님께로부터 떠나 어리석은 길로 들어섰음을 생각합니다. 하나님을 경외하는 삶을 지키는 것이 곧 말씀에 주의하는 것임을 배웁니다.

오늘, 하나님께 주의하지 않고 지내고 있는 저를 봅니다. 저에게 은혜를 주신다면 하나님께 여쭙는 것을 습관으로 삼게 하시옵소서.

저의 마음과 행실을 하나님께 드려서 지내게 하시옵소서. 하나님을 기다리는 삶에서 거룩함을 이룬다고 믿습니다.

저는 어떠한지요? 말로는 하나님 앞에서 살아간다고 하면서도 저의 생각대로 지내고 있습니다. 하나님을 속이고, 자신을 속이고, 남을 속이는 저였습니다. 용서해 주시옵소서.

다시 한 번, 하나님의 자비하심에 소망을 둡니다. 불쌍히 여겨 주셔서 마음과 행동을 하나님께로 고정시켜 주시옵소서. 생각대로 지내지 않기 위하여 하나님께서 주시는 말씀을 기다리게 하시옵소서.

예수님의 이름으로 기도합니다. 아멘

하나님 아버지,
하나님 앞에서 순종과 들음이 제사를 드림보다 낫다고 하시니 감사합니다. 하나님의 말씀에 순종하는 행위에서는 그 어떤 것도 고려할 조건이 되지 않고, 완전하게 순종해야 할 줄로 믿습니다.
하나님께서 아말렉을 완전히 진멸하라고 하셨는데, 사울은 왜 아말렉 왕과 또 가축의 좋은 것들을 남겨두었을까요?
사울이 하나님을 두려워하지 않으니까 사람들의 말을 듣게 되었다고 깨닫습니다. 하나님께로부터 시선을 떼지 말아야 함을 배웁니다.
오늘, 사울의 불순종에서 하나님의 음성을 받게 하셨습니다. 사람들을 좋게 하려던 결과, 하나님을 거역하고 말았다는 것을 생애의 교훈으로 삼게 하시옵소서.
'하나님의 말씀이다!' 그렇습니다. 제가 따르고, 지켜야 될 것은 하나님의 말씀이라는 것을 마음에 두게 하시옵소서.
하나님께 주의를 기울이지 않으니 사람들을 두려워하게 된다는 깨달음을 받습니다.
'정직함이다!' 옳습니다. 자신의 진실 된 고백을 드리게 하시옵소서. 자신을 숨기려하거나 남에게 전가하지 않는 솔직함이 하나님께 드려진다고 믿습니다. 고백할 때 용서해 주시는 은혜를 받고, 다시 일어서게 하시옵소서.

예수님의 이름으로 기도합니다. 아멘

하나님 아버지,
"나 여호와는 중심을 보느니라."는 말씀을 주시니 감사합니다. 하나님의 사람에 대한 판단은 눈에는 보이지 않으나 그 사람의 참된 가치가 머무는 내면을 감찰하시는 줄로 믿습니다.
겉으로는 사람에게 옳게 보이되 안으로는 외식과 불법이 가득하다고 나무라셨던 주님의 말씀을 기억합니다. 자기 스스로가 섰다고 하지 않고, 하나님께 의해서 세움을 받은 사람이 되어야 함을 깨닫습니다. 중심이 하나님께 인정을 받은 사람을 찾으시는 하나님을 생각합니다.
'중심을 보느니라.' 저의 중심은 무엇인가요? 하나님께 저의 중심은 어떠합니까? 오늘, 중심에 대하여 생각하게 하시니 감사합니다.
사실, 저 자신이 '나의 중심은 이렇다.'라고 분명하게 하지 못했던 경우가 많았습니다. 중심이 없었던 것이지요. 이제, 저의 중심은 하나님이십니다. 이렇게 선포하게 하시는 성령님을 찬양합니다.
자기 스스로 선 자들이 많은 이 시대에 하나님께서 세워주신 자가 되고 싶습니다. 스스로 하나님의 사람이라고 말하는 이들이 많은 시대에 하나님께서 지명해 주신 자가 되고 싶습니다. 누가 저의 가슴을 칼로 도려내었을 때, 보이는 것은 하나님이시도록 하시옵소서.

예수님의 이름으로 기도합니다. 아멘

하나님 아버지,
다윗이 골리앗과 싸울 때, 오직 물매와 돌로 그를 이기고, 쳐 죽였음에 감사합니다. 다윗이 이스라엘 군대의 하나님의 이름으로 나아감으로써 이기게 하신 줄로 믿습니다.
다윗이 골리앗을 대적할 때, "이 블레셋 사람의 손에서도 건져내시리이다."라는 고백적인 선포에 감격스럽습니다. 그는 하나님께서 자기에게 골리앗을 무찌르도록 하신다는 확신을 가졌는데, 그것이 저의 것이 되게 하심을 믿게 하십니다.
오늘, 다윗의 선언에서 제가 가져야 될 말씀을 받습니다. 그의 선언이 저의 것이 되기를 원합니다.
- 하나님의 이름으로 네게 나아가노라.
- 온 땅으로 이스라엘에 하나님이 계신 줄 알게 하겠다.
- 여호와의 구원하심이 칼과 창에 있지 않음을 알게 하리라.
그의 선언은 입술에서 나온 말이 아니고, 하나님을 누림에서 나온 고백이라고 깨닫습니다.
이제, 성령님께서 강권하실 때, 하나님께로 들어가게 하시옵소서. 이론으로 신앙을 만들려 하지 않고, 하나님을 체험하게 하시옵소서.

예수님의 이름으로 기도합니다. 아멘

18:1 다윗이 사울에게 말하기를 마치매 요나단의 마음이 다윗의 마음과 하나가 되어 요나단이 그를 자기 생명 같이 사랑하니라

하나님 아버지,
요나단이 다윗을 "자기 생명 같이 사랑"하게 하시니 감사합니다. 그 사랑은 바로, 주님께서 우리를 사랑하실 때, 자기 생명 같이 사랑하시는 줄로 믿습니다.
자기 생명처럼 서로를 사랑했던 요나단과 다윗에게서 성도 사이의 우정을 보게 하십니다. 하나님의 교회에서 공동체 안에서 서로 누려야 하는 것이 지체를 자기의 생명, 자기의 마음처럼 여기는 것이라 깨닫습니다.
'하나가 되어.' 이 두 개의 낱말을 마음에 담습니다. 제가 주님의 이름으로 누구를 사랑한다는 말을 너무도 쉽게 해왔음을 회개합니다.
마음이 하나가 되어야만 사랑할 수 있다는 것을 배우게 하십니다. 하나님께서 저에게 삶을 만나게 하셨을 때, 마음으로 하나 되기를 원합니다.
이제, 교회에서 지체로 만난 이들에게 한 사람, 한 사람을 마음으로 다가가게 하시옵소서. 그를 향해서 마음으로 하나 되기에 주님의 손길로 섬기게 하시옵소서. 주님께로부터 받은 은혜를 나누게 하시옵소서.
상대가 저를 받아주거나 섬겨주기를 원한다면 제가 먼저 상대를 받게 하시옵소서. 저의 가슴을 열고 주님의 사랑으로 받아들이게 하시옵소서. 그리고 그에게 마음을 주어 하나가 되어 사랑하게 하시옵소서.

예수님의 이름으로 기도합니다. 아멘

하나님 아버지,
사울이 다윗에 대하여 말하기를, "그가 죽임을 당하지 아니하리라."라고 하시니 감사합니다. 다윗을 죽이려는 사울의 범죄를 만류한 요나단의 용기에 하나님께서 간섭하셨다고 믿습니다.
의를 구하는 요나단에게서 하나님의 의를 구함에 대하여 배웁니다. 사울이 다윗을 죽이는 것은 하나님께 죄를 짓는 행위라고 설득한 요나단에게서 성도가 구해야 하는 것은 의라고 확신합니다.
오늘, 죄악을 막으신 하나님께 찬양과 경배를 드립니다. 다윗을 죽이려 하는 사울의 억지 행동을 요나단이 모르겠습니까? 그에게 아버지를 존중하도록 하신 하나님이시라고 믿습니다. 그에게 아버지에 대하여 참도록 하신 하나님이시라고 믿습니다.
요나단은 다윗을 사랑했지만, 아버지인 사울도 사랑하여 그의 범죄를 막기 위해서 노력을 했다고 생각됩니다. 그의 다윗을 살리려는 '사울에게의 중재'는 우리를 위하여 하나님께 중재하시는 예수님을 바라보게 합니다.
저에게 부모를 존중하도록 하시옵소서. 부모에 대하여 오래 참으며, 부모에게 드릴 자식으로서의 자세를 잃지 않게 하시옵소서.

예수님의 이름으로 기도합니다. 아멘

하나님 아버지,
"그를 다시 맹세하게 하였으니"라는 행동의 의미를 생각하게 하시니 감사합니다. 주님께서도 우리를 사랑하시기 때문에 성경에 기록된 말씀과 같이 우리를 위하여 언약을 하신 줄로 믿습니다.
요나단의 다윗을 향한 축복으로 그가 다윗을 사랑하는 것을 증명하게 하신 것을 깨닫습니다. 사울은 요나단과는 반대로 다윗에게 시기하고 질투하였기 때문에 저주를 퍼부었음을 확인합니다. 축복은 사랑이며, 저주는 미워함이라는 것을 확인하게 하셨습니다.
이제, 교회 공동체 안에서 사랑으로 서로를 섬겨야 함을 배우게 하시옵소서. 그리고 지체를 사랑하기 전에 저를 먼저 치료해 주시옵소서.
성령님의 '수술 칼'에 저를 맡깁니다. 저의 마음 깊은 곳에서 독버섯처럼 자라 있는 열등감을 뽑아내어 주시옵소서.
- 정의로 포장하여 남을 공격하지 않게 하시옵소서.
- 권면으로 포장하여 남을 깔아뭉개지 않게 하시옵소서.
열등감이 저를 죽이고, 남도 죽이게 합니다. 사랑으로 섬겨야 될 지체에게 시기와 질투의 화살을 쏘게 합니다. 저주의 폭언으로 살인을 저지르기도 합니다. 열등감을 치료하시고, 사랑을 심어주시옵소서.

예수님의 이름으로 기도합니다. 아멘

하나님 아버지,
놉으로 도망을 간 다윗에게 제사장이 거룩한 떡을 주어, 먹게 하시니 감사합니다. 하나님께 제물로 바쳐져 제사장들만 먹을 수 있는 떡을 다윗에게 먹여 그의 주림을 면하게 하신 하나님이십니다.
오늘, 다윗을 지키시며, 그의 생명을 보전하시는 하나님에 대하여 깨닫습니다. 제사장이 다윗에게 성전에 구별된 떡을 주었다는 것은 그에게 불의함이었지만 그렇게 해서라도 다윗을 보호하시는 하나님의 은혜에서 죄인을 구원해 주시는 하나님의 긍휼을 확신합니다.
오늘, 다윗이 성소의 떡을 먹었음에서, 하나님께서 저에게 얼마나 자비로우셨는지를 봅니다. 그가 굶주려 죽더라도 먹을 수 없었는데, 그의 주림을 면하게 하셨습니다. 그 은총으로 지금, 제가 이렇게 있음에 눈물을 쏟습니다. 제가 용서를 요청하기 전에 사랑해 주셨습니다.
저를 자녀라고 여겨주시고, 성도라 부름을 받는 반열에 앉게 하셨습니다. 그리고 지금은 구별 받아 종으로 삼아 주셨습니다.
다윗이 평생을 하나님께 대하여 살았듯이, 저에게도 그리하도록 하시옵소서. 하나님께 대한 '평생 경배'의 삶을 살게 하시옵소서.

예수님의 이름으로 기도합니다. 아멘

22:2 환난 당한 모든 자와 빚진 모든 자와 마음이 원통한 자가 다 그에게로 모였고 그는 그들의 우두머리가 되었는데 그와 함께 한 자가 사백 명 가량이었더라

하나님 아버지,
"다 그에게로 모였고"라는 말씀을 받게 하시니 감사합니다. 환난 당한 자와 빚진 모든 자, 마음이 원통한 자가 다윗에게로 모였음은 하나님께서 모이도록 하셨다고 믿습니다.
당시에, 사회의 중심부에서 밀려난 변두리 인생들이었던 자들이 다윗에게로 모여들었다는 것을 깨닫습니다.
하나님께서 하나님의 백성으로 부르신 사람들은 비천한 자들이었잖습니까? 아둘람 굴에 모인 자들이 바로 교회에 모인 성도라고 생각되어 감격스럽습니다.
오늘, 다윗의 아둘람 굴에서 교회를 보게 하십니다. 주님의 교회에 모여든 권속들, 하나님께서 모아주셨다고 확신합니다. 거절당하고, 삶에 실패하고, 탈락한 자들을 품어주시는 하나님을 바라봅니다.
거기에 저도 있습니다. 그들이 모여 있는 한쪽 구석에 있는 저를 보게 하시는군요. 그렇게 모인 자들은 바로 하나님께서 불러 모아진 백성의 공동체라고 생각합니다.
예수님께서 세상에 오셨을 때, 누가 주님께로 모여들었나요? 많은 세리와 죄인들이 예수님께로 모이는 환상을 보게 하시옵소서.

예수님의 이름으로 기도합니다. 아멘

하나님 아버지,
"하나님이 그를 그의 손에 넘기지 아니하시니라."고 하시니 감사합니다. 사울의 살기등등한 위협에서 다윗을 보호해 주시는 하나님의 섭리인 줄로 믿습니다.
다윗은 그일라를 도와 블레셋을 물리쳐 준 기억으로 그일라로 피했지만 그곳 사람들이 사울에게 밀고할까를 염려해서 피해 다니게 되었다고 깨닫습니다.
이로 말미암아 다윗과 그의 일행은 곤경에 빠져야 했지만, 그들이 의지하려는 것을 거두신 하나님이십니다.
오늘, 다윗은 사울을 피해 다녔지만 하나님께서 어디에서든지 그와 함께 하심을 확인시켜 주셨다고 깨닫습니다. 그렇다면 저에게도 하나님께서 함께 하심을 누리게 하시옵소서.
- 홀로 피하지 않도록 하신 하나님, 나의 하나님!
- 홀로 머무르지 않도록 하신 하나님, 나의 하나님!
혹시, 저를 미워하는 자나 원수가 찾되 그에게 저를 넘기지 않으시는 하나님의 보호를 그리워합니다. 저를 지켜 주시옵소서.
하나님의 함께 하심에 찬양을 드리게 하시옵소서. 어디로 가든지, 무엇을 하든지 함께 하시며 지켜 주시옵소서.

예수님의 이름으로 기도합니다. 아멘

24:6(상) 자기 사람들에게 이르되 내가 손을 들어 여호와의 기름 부음을 받은 내 주를 치는 것은 여호와께서 금하시는 것이니

하나님 아버지,
"여호와께서 금하시는 것이니"라는 말씀을 받게 하시니 감사합니다.
다윗은 자신을 죽이려는 사울보다도 하나님 앞에서 살아간 줄로 믿습니다. 하나님 앞에서 살아가는 것은 자신이 목숨처럼 지켜야 하는 것이라고 확신합니다.
다윗은 사울의 옷자락만 베었는데도 마음으로 고통스러워했다는 것을 깨닫습니다. 사울의 옷자락을 벤 것은 그의 몸에 손을 댄 것이나 다름이 없었고, 기름 부으심을 받은 왕을 대적한 것이나 같았기 때문이었지요. 오늘, 하나님을 경외하는 다윗을 배웁니다.
저의 지금까지를 돌아봅니다. 하나님께 드려야 될 구별을 지키지 않고 그때그때, 감정으로 살아왔음을 고백합니다. 용서해 주시옵소서.
다윗이 한 말, '여호와께서 금하시는 것이니'라는 자세를 마음에 담습니다. 하나님의 말씀, 하나님께서 세우신 사람, 하나님께서 정하신 원칙을 존중하게 하시옵소서. 이로써 하나님을 향한 저의 신앙을 증거 하게 하시옵소서.
하나님께 겸손하게 하시옵소서. 하나님을 두려워하게 하시옵소서. 하나님 앞에서 종이라는 자리를 잊지 않게 하시옵소서.

예수님의 이름으로 기도합니다. 아멘

하나님 아버지,

아비가일의 지혜로운 행동으로 다윗이 “피를 흘릴 것과 친히 복수하는 것을” 막았음에 대하여 깨닫습니다. 남이 죄를 짓지 않도록 막는 것은 불의함을 막는 아름다운 행동인 줄로 믿습니다.

아비가일의 지혜로운 말을 받아들였던 다윗의 온유함을 보게 하십니다. 하나님께 영광이 되기 위해서 지혜로운 말로 권면을 해야 하고, 그러한 권면을 들을 수 있는 귀를 가져야 된다고 깨닫습니다.

오늘, 다윗을 위하여 아비가일을 사용하신 하나님을 보게 하십니다. 하나님께서 다윗을 의롭게 하시려고 그의 감정을 다스리게 하셨습니다.

그 은혜를 저에게도 경험하도록 하시며, 자신을 환경을 사용하셔서 제가 다스려지게 하시옵소서.

아울러 다윗이 아비가일을 대하면서 ‘하나님께서 보낸 사람’이라 말을 했듯이 저에게도 그러한 은총을 경험하게 하시옵소서.

저의 부족함을 채우거나 제가 곁길로 들어서지 않도록 충고해 줄 수 있는 사람을 보내 주시옵소서. 좋은 친구들을 저에게 주심도 은혜라고 믿습니다. 지혜로운 친구를 만나게 하시옵소서.

예수님의 이름으로 기도합니다. 아멘

26:11 내가 손을 들어 여호와의 기름 부음 받은 자를 치는 것을 여호와께서 금하시나니 너는 그의 머리 곁에 있는 창과 물병만 가지고 가자 하고

하나님 아버지,

"여호와의 기름 부음 받은 자"에 대하여 존귀하게 대했던 다윗을 배우게 하시니 감사합니다. 하나님께서 세우신 자에게 대적하는 것은 곧 하나님을 대적하는 행위가 된다는 것을 배웁니다.

사울이 잠에 떨어져 있음은 다윗에게 원수를 갚을 수 있는 그야말로 절호의 기회였지만 자신보다도 하나님을 먼저 생각했던 다윗을 배웁니다.

그가 사울의 생명을 건드리지 않고, 창과 물병만 가져옴으로써 하나님을 경외하는 신앙자였다는 것을 증거 했다고 깨닫습니다.

'여호와의 기름 부음 받은 자.' 이 말의 의미를 가슴에 새겨두기를 원합니다. 기름 부음을 받은 사람은 이제, 자연인이 아니라 하나님께 속한 자라는 것에 방점을 찍게 하시옵소서.

하나님께서 기름을 부으셨음에 대하여 주의하려 하지 않고, 기름 부음에 대하여 존경하지 않았던 죄를 고백합니다. 용서해 주시옵소서.

여호와의 기름 부음을 받았다면 그는 여호와께 속한 자요, 여호와를 대신할 수도 있는 자라는 것을 잊지 않게 하시옵소서. 그를 대할 때, 하나님께 하듯 하게 하시옵소서.

예수님의 이름으로 기도합니다. 아멘

하나님 아버지,
아기스에게 요청하는 다윗의 행동에서 깨달음을 주시니 감사합니다. 다윗의 요청은 뱀처럼 지혜로운 행동이 되어 그 자신과 가족을 지킬 수 있었다고 믿습니다.
다윗은 블레셋의 영토 가드로 가서 선처를 빌고, 지방의 한 성읍을 주면 거기서 기거하겠다고 요청한 것을 다시 한 번 생각합니다. 그의 요청은 지혜로운 것이었지요.
하나님께서 다윗과 그의 일행에게 원수의 땅인 시글락에서 보호해 주셨다고 깨닫습니다.
오늘, 다윗의 지혜로운 요청을 대합니다. 그에게 아기스가 원수일진대, 원수에게 지방의 성읍 한 곳을 달라고 함은 하나님의 은총이었다고 여깁니다. 그 은총을 저에게도 경험하도록 하시옵소서.
뱀 같이 지혜롭고, 비둘기처럼 순결하라고 하셨던 주님의 말씀은 오늘날에도 저의 것이어야 한다고 깨닫습니다. 자신에 대한 보호와 평안을 구했던 그의 기도를 저의 것으로 삼게 하시옵소서.
자신이 처해져 있는 상황을 파악하고, 자기가 해야 될 일이 있기 때문에 지금은 보호를 받아야 해서 취해지는 행동에 주목하게 하시옵소서. 충동을 받는 감정에 따라 동요되지 않게 하시옵소서.

예수님의 이름으로 기도합니다. 아멘

28:27 여호와께서 나를 통하여 말씀하신 대로 네게 행하사 나라를 네 손에서 떼어 네 이웃 다윗에게 주셨느니라

하나님 아버지,
"여호와께서 나를 통하여 말씀하신 대로"라고 하심에 주목하게 하시니 감사합니다. 하나님의 사람은 시종여일하게 하나님의 말씀만 전해야 될 줄로 믿습니다.
사울이 죽은 사무엘을 불러 올려서 대화를 했다는 것은 옳지 않다는 것을 깨닫습니다. 이미 죽은 사무엘이 살아 있을 때 한 말을 그대로 반복하여 사울에게 듣게 하심을 확인합니다.
하나님의 자녀는 하나님의 말씀을 전하고, 그 말씀만 받아야 한다는 것을 결단합니다.
저는 어떠하였습니까? 제가 진실로 하나님의 말씀으로 살아가고 있는지를 돌아봅니다. 하나님의 말씀을 존중하고, 그 말씀으로 살기를 원하였지만 '오직 말씀으로'는 아니었음을 회개합니다. 때로는 말씀의 적용이 경우에 맞지 않을 것 같아 응용하기도 했지요.
'하나님의 말씀을 버리면 하나님께서도 나를 버리신다!' 기억하는 한 줄의 금언으로 삼게 하시옵소서.
제가 하나님을 존경함이 하나님의 말씀에 순종하는 것으로 증거를 삼게 하시옵소서.
제가 하나님을 사랑함 역시, 하나님의 말씀에 순종하는 것으로 증거를 삼게 하시옵소서. 오늘도 하나님의 말씀으로 하나님을 경외하게 하시옵소서.

예수님의 이름으로 기도합니다. 아멘

하나님 아버지,
아기스가 다윗에게, "거슬러 보이게 하지 말라"고 권면한 말의 의미를 생각하게 하시니 감사합니다. 다윗이 두 발을 수렁에 담그고 난처해 있을 때, 하나님께서 구해주신 줄로 믿습니다.
블레셋과 이스라엘의 전투라는 상황에서 다윗을 구해주신 하나님께 찬양을 드립니다. 아기스의 배려로 다윗을 난처한 상황에서 빠져나오도록 하신 하나님의 섭리로 다윗이 보호를 받게 하셨으니 참으로 감격합니다. 하나님은 적을 사용하셔서 의인을 구하신다고 믿습니다.
저에게도 하나님의 구원을 경험하게 하신 하나님께 찬양을 올려드립니다. 다윗의 시간은 하나님을 경험하는 연속적인 삶이었다고 생각됩니다.
하나님을 경험한 만큼, 하나님을 사랑하며 또한 신뢰한다고 믿습니다. 오늘, 하나님을 누림으로 한 날을 살게 하시옵소서.
신앙생활을 교회에서의 공동체 예배에만 의존하지 않고, 늘 하나님을 누리게 하시옵소서. 여호와로 누리고, 창조의 주로 누리고, 아버지로 누리게 하시옵소서. 아버지께 아들이 된 삶을 살게 하시옵소서.
다윗을 곤경으로부터 구원해 주신 하나님이 저에게 아버지가 되어 주셨음을 저에게 선포하며 지내게 하시옵소서.

예수님의 이름으로 기도합니다. 아멘

30:17 다윗이 새벽부터 이튿날 저물 때까지 그들을 치매 낙타를 타고 도망한 소년 사백 명 외에는 피한 사람이 없었더라

하나님 아버지,
다윗에게, "새벽부터 이튿날 저물 때까지" 치도록 하신 하나님을 묵상합니다. 다윗에게 아말렉 사람들에게 빼앗겼던 모든 것을 도로 찾게 하심처럼 하나님은 우리를 회복시켜 주심을 믿습니다.
원수를 갚는 것을 하나님께 맡긴 결과로 다윗은 아말렉의 군사들을 치고, 그들에게 빼앗겼던 가족과 가축과 재산을 도로 찾게 하셨다고 깨닫습니다. 하나님의 자녀는 하나님께 맡기겠다고 결단해야 함을 확신합니다.
오늘, 다윗이 아말레과 전투를 벌이면서, '새벽부터 이튿날 저물 때까지'라는 표현에 주목합니다. '새벽부터' 전쟁을 벌인 그의 부지런함을 배우게 하시옵소서. 그리고 '저물 때까지' 그치지 않은 그의 끝내기를 저의 것으로 삼게 하시옵소서.
이 전투에 임하는 다윗의 성실함과 완수하고야 마는 그의 인내는 제가 배워야 될 자세라 깨닫습니다. 하나님께서 아말렉을 무찌르는 것을 도와드렸다고 표현해야 옳을 것 같습니다.
오늘, 자기의 영광을 세상에 드러내어 하나님을 인정해 드려야 될 인생들 앞에서 하나님께 영광을 드림에 인내하게 하시옵소서.

예수님의 이름으로 기도합니다. 아멘

하나님 아버지,
사울과 그의 세 아들이 그 날에 함께 죽도록 하신 하나님을 깨닫습니다. 그들의 죽음은 하나님의 심판이었지만 하나님의 영광이 훼손되지 않도록 한 다윗을 배웁니다.
사울이 그의 아들들과 함께 죽었음을 생각합니다. 사울의 잘못으로 그의 아들들도 생명을 잃게 되었으니 한 사람의 죄악에 대한 두려움을 다시 봅니다.
하나님의 심판을 피할 자가 없음을 두려워합니다. 자신이 죄를 거절하면 이웃의 영혼도 구할 수 있음을 확신합니다.
사울과 그의 세 아들의 죽음과 이스라엘이 블레셋에게 패하여 궤멸 상태에 이르게 된 이스라엘을 봅니다. 이것이 하나님이 심판인가요? 한 사람 왕의 죄악이 나라를 멸망에 처하게 하였습니다.
오늘, 제가 배워야 할 것을 살피게 하시옵소서. 제가 깨달아야 할 것을 알려 주시옵소서. 죄악 된 행동으로 말미암아 집안이 몰락되고, 나라도 위기에 빠지게 된 것을 깨닫게 하시옵소서.
제가 여호와께 복 있는 자로 세워지기를 간구합니다. 저를 복 되게 하사, 저의 자녀들과 저의 집안을 복되게 하시옵소서. 그리고 제가 함께 하고 있는 ○○교회의 공동체도 복이 있게 하시옵소서.

예수님의 이름으로 기도합니다. 아멘

1:12 사울과 그의 아들 요나단과 여호와의 백성과 이스라엘 족속이 칼에 죽음으로 말미암아 저녁 때까지 슬퍼하여 울며 금식하니라

하나님 아버지,
사울과 요나단의 죽음으로 슬퍼하며 금식했던 다윗을 묵상하게 하시니 감사합니다. 다윗은 여호와의 백성이 이방인에게 짓밟혔고, 동포들이 살육을 당해서 슬퍼한 줄로 믿습니다.
다윗의 사울을 향한 존경은 사울이 '하나님의 사람'이었기 때문이었다는 것을 확인합니다.
하나님의 사람을 향한 존경과 사랑은 다윗이 하나님을 경외하는 증거였음을 깨닫습니다.
오늘, 하나님의 자녀에게는 그의 삶에서 자신이 하나님을 경외한다는 증거를 갖고 지내야 함을 배웁니다. 아말렉과의 전투에서 죽은 이스라엘 백성들 때문에 슬퍼했던 다윗이 저에게 교훈이 되기를 원합니다.
하나님의 영광이 훼손되지 않도록 마음을 다하게 하시옵소서. 저에게 관심은 하나님께의 영광이게 하시옵소서.
오늘, 저를 살펴보게 하시옵소서. 스스로에게 묻게 하시옵소서.
-하나님을 사랑하는지, 아니면 저 자신을 사랑하는지?
저에게 진실로 슬픔은 하나님께서 능욕을 당하심이라고 깨닫습니다. 하나님께의 영광을 구하면서 오늘을 지내게 하시옵소서.

예수님의 이름으로 기도합니다. 아멘

하나님 아버지,
"유다 족속의 왕으로 삼았더라."는 말씀을 받게 하시니 감사합니다. 유다 사람들이 다윗에게 기름을 붓도록 하신 하나님이십니다. 하나님의 시간이 되자, 유다에서 왕위에 오르게 하신 줄로 믿습니다.
사울이 죽은 후에, 다윗은 예루살렘 성읍으로 돌아갈 수도 있었으나 그가 하나님께 여쭈었다는 것에서 다윗의 겸손을 생각합니다. '헤브론으로 가라.'는 하나님의 말씀이 있기까지 자신의 주도권을 하나님께 드렸음을. 오늘, 제가 하나님께 백성이어야 함을 깨닫습니다.
하나님께 영광이 되어드림을 생각하기보다는 하나님께서 저를 위하여 무엇을 하셔야 하지 않겠느냐는, 어쩌면 하나님께 주인 노릇을 했던 불손함을 회개합니다. 하나님은 저를 위해서 존재하셔야 하는 도구 정도로 여겼던 오만함을 회개합니다.
이제까지 하나님은 저에게 신앙의 대상이었다면 오늘부터는 저의 주인으로 모시게 하시옵소서. 주인의 말을 기다리는 하인과도 같이 하나님 앞에서 기다리게 하시옵소서.
저를 즐겁게 하지 않고, 하나님을 기쁘시게 해드림에 오늘을 지내게 하시옵소서. 하여, 하나님께 주도권을 드리겠다는 결단을 하게 하시옵소서.

예수님의 이름으로 기도합니다. 아멘

3:1 사울의 집과 다윗의 집 사이에 전쟁이 오래매 다윗은 점점 강하여 가고 사울의 집은 점점 약하여 가니라

하나님 아버지,
"다윗은 점점 강하여 가고 사울의 집은 점점 약하여"라고 하시니 감사합니다. 사울에게서 갖은 어려움을 겪으면서도 다윗은 하나님을 떠나지 않아, 하나님께서 그를 강하게 해 주셨다고 믿습니다.
다윗 = 하나님께 합한 사람, 사울 = 하나님께 버림을 받은 사람이라는 것을 생각합니다. '다윗은 점점 강하여 가고'에서 하나님의 나라의 확장을 내다보게 하셨습니다. 성도의 번성은 오직 하나님의 도우심으로 말미암는 것을 깨닫습니다.
성도에 대한 하나님의 관심은 자기 백성의 번성이라고 확신합니다. 하나님께서 '복 있는 자'를 강조하심도 번성을 누리도록 하심이라고 생각합니다.
하나님의 자녀 = 복, 이방인 = 저주라는 도식을 배우게 하시니 감사합니다.
오늘, 저를 점점 강하여 가게 하시는 하나님의 은혜로 들어가게 하시고, 저의 삶이 성도에게 복을 주시는 하나님에 대한 증거가 되게 하시옵소서. 이로써 불신자들이 하나님께로 돌아오게 하시옵소서.
저의 행실로 인생에게 복을 주시는 하나님께 영광이 되게 하시옵소서. 하나님의 살아계심을 증거 하게 하시옵소서.

예수님의 이름으로 기도합니다. 아멘

하나님 아버지,
"악인의 피 흘린 죄를 너희에게 갚아서"라고 하시니 감사합니다. 피를 흘린 '그 책임이 바로 너에게 있다'는 것을 알게 하심인 줄로 믿습니다.
사람 대 사람의 관계에서 '피', 또는 '피 흘림'이라는 표현은 그것이 사람에게 내려질 수 있는 최고의 형벌이나 죄에 대한 책임 등을 의미한다고 봅니다.
다윗은 말하기를, 사울의 죽음에 대하여 아말렉 사람들에게 갚아서 그들을 이 땅에서 없이하겠다는 선언을 했습니다. 하나님의 주권을 깨닫습니다.
저는 어떻게 지내왔는지요? 제가 해야 될 모든 것에서 하나님이 주권을 인식하고 행동을 하였습니까? 용서해 주시옵소서. 하나님의 의를 구했던 다윗에게서 의로움을 배우게 하시옵소서.
피에 대한 주권은 하나님께서 갖고 계십니다. 어떤 상황에서든지 그것이 하나님께 어떻게 적용되는지를 살펴서 행동을 하게 하시옵소서.
오늘, 저에게 은혜를 주셔서 하나님의 주권을 인정해드리는 생각과 행실로 지내게 하시옵소서.
저를 하나님께 섞지 않으며, 오직 하나님을 구하게 하시옵소서.

예수님의 이름으로 기도합니다. 아멘

하나님 아버지,
"다윗이 점점 강성하여 가니라."라고 하시니 감사합니다. 만군의 하나님 여호와께서 다윗과 함께 하심의 결과를 말씀하신 줄로 믿습니다.
하늘 군대 천사들을 하나님께서 거느리셨음을 생각합니다. 하나님의 크신 권능과 그 위엄이 다윗과 함께 했음에 감격합니다.
하나님께서 친히 하늘 군대를 인솔하셔서 다윗의 대적을 물리쳐 주셨습니다. 그러니, 그의 왕국이 안으로는 물론 대외적으로 우러러 볼 만큼 강성해졌다고 믿습니다. '만군의 하나님 여호와' 라는 표현에 은혜를 받습니다. 다윗과 함께 하시며, 그의 대적을 물리쳐주신 하나님의 이름이었음을 깨닫습니다.
저에게도 '만군의 하나님 여호와'께서 함께 하심을 믿습니다. 이제, 제가 가져야 할 자세는 하나님의 함께 하심이 되어야 하는 것이라 생각합니다. 하나님의 함께 하실 수 없음을 제거하게 하시옵소서.
- 하나님은 교만한 자, 죄인과 함께 하시지 않으시지요.
오늘부터 교만을 거절할 것을 다짐합니다. 교만한 자리에서 떠나게 하시옵소서. 하나님께 죄가 되는 것들을 버리게 하시옵소서. 죄의 자리는 멀리 두게 하시옵소서. 하나님께 주목하게 하시옵소서.

예수님의 이름으로 기도합니다. 아멘

하나님 아버지,
"여호와께서 오벧에돔과 그의 온 집에 복을 주셨음에" 감사합니다. 모두가 여호와의 궤를 두려워했으나 오벧에돔이 자원하여 자기의 집에 모셨기 때문이라고 믿습니다.
웃사가 죽임을 당한 것은 하나님께서 일러주신 방법대로 법궤를 옮기지 않아서였지요. 법궤는 어깨에 메고 옮겨야 했습니다. 하나님의 지시를 따르지 않았음은 불순종이라고 배웁니다.
오벧에돔이 다윗의 명령에 순종하여 자기의 집에 법궤를 모셨음을 생각합니다. 아마 그도 두려웠지만 임금의 명령에 순종했을 겁니다. 이를 하나님께서 인정하셨다고 믿습니다.
오늘, 하나님 앞에서 저를 돌아봅니다. 오벧에돔이 법궤를 모셔서 복을 받은 것은 아니라고 깨닫습니다.
왕의 명령에 순종해서 법궤를 모셨기에, 하나님께서 복을 주셨습니다. 저에게 순종의 사람이 될 것을 결단하게 하시옵소서.
제가 잊지 말아야 하는 한 가지는 하나님께의 순종이라고 깨닫습니다. 하나님을 위한다는 열정보다도 하나님의 말씀을 존귀하게 여기게 하시옵소서. 매일의 삶에서 하나님의 방법을 따르게 하시옵소서.

예수님의 이름으로 기도합니다. 아멘

7:16 네 집과 네 나라가 내 앞에서 영원히 보전되고
네 왕위가 영원히 견고하리라 하셨다 하라

하나님 아버지,
"네 집과 네 나라가 내 앞에서 영원히 보전되고"라고 약속해 주시니 감사합니다. 다윗을 지켜 주시며, 그의 집안을 왕조로 삼아 주시겠다는 약속을 하신 줄로 믿습니다. 다윗을 높여 이스라엘을 하나님의 나라로 세우시려는 하나님의 의도를 묵상합니다.
다윗이 누구였기에, 하나님께서 그를 보호하시며, 영원히 세우십니까? 하나님의 선택하심이라고 깨닫습니다. 이스라엘을 하나님께 거룩한 백성 공동체로 세우시려고 다윗을 지도자로 삼으셨습니다.
양떼를 따라다니며 치던 목자를 목장에서 데려다가 이스라엘, 하나님의 백성에게 통치자로 세우신 하나님이셨음을 생각합니다. 이스라엘을 다윗에게 맡기시려고 사울로부터 보호하셨고, 이방 나라들로부터 지켜 주셨지요.
오늘, 하나님의 사람으로 살아드리겠다는 각오를 하게 하시옵소서. 하나님께서는 저에게도 계획을 갖고 계심을 믿습니다.
제가 살아가는 동안에, 살아가는 곳에서 하나님의 나라를 세우게 하시옵소서. 다윗에게서 메시야 왕국을 내다보게 하신 하나님께 찬양을 드립니다. 저의 기도와 헌신으로 메시야의 나라를 이루게 하시옵소서.

예수님의 이름으로 기도합니다. 아멘

하나님 아버지,
“다윗이 어디로 가든지 여호와께서 이기게 하시니” 감사합니다. 사람은 잊을지라도 하나님께서는 언약을 성취하시는 줄로 믿습니다. 다윗에게 이스라엘의 지경을 유브라데 강 유역에까지 뻗치게 하시니 감사합니다.
“이 땅을 애굽 강에서부터 그 큰 강 유브라데까지 네 자손에게 주노니.”(창 15:18) 일찍이 하나님께서 아브라함에게 주셨던 약속이셨습니다.
아브라함의 후손들은 이 약속을 잊고 지냈어도, 하나님께서는 언약을 기억하시고, 성취시켜 주시니 진실로 감격스럽습니다.
저는 정말로 부끄럽습니다. 성경을 읽을 때, 하나님의 말씀 - 약속으로 받아야 했건만 그저 읽기만 했습니다.
오늘, 하나님의 언약에 주목합니다. 죄인이었던 저를 천국 백성으로 삼아주시고, 영적으로 아브라함의 후손이 되게 하셨음을 확신합니다. 그렇다면 저도 아브라함에게 주신 언약에 들어갈 것을 믿습니다.
오늘부터 성경을 다시 읽기를 원합니다. 아브라함의 이야기를 펴서 하나님께서 약속하셨던 말씀들을 읽게 하시옵소서. 그 언약들을 잊지 않기 위하여 암송하게 하시옵소서. 그리고 하나님께서 저에게도 언약을 성취하시는 것을 기다리게 하시옵소서.

예수님의 이름으로 기도합니다. 아멘

9:7(하) 내가 네 할아버지 사울의 모든 밭을 다 네게 도로 주겠고 또 너는 항상 내 상에서 떡을 먹을지니라 하니

하나님 아버지,
"너는 항상 내 상에서 떡을 먹을지니라."라고 므미보셋이 약속을 받게 하시니 감사합니다. 다윗의 요나단과의 우정을 보상하는 선행이었다고 믿습니다.
다윗의 므미보셋에 대한 선대로 그가 요나단에게 배은망덕하지 않았다는 교훈을 받습니다.
왕위에 오르면 자신의 정적을 진멸하는 것이 당시의 관례였지만 다윗은 그러하지 않았습니다. 그가 사울의 후손에게 베푼 일련의 선행은 므미보셋을 얼마나 기쁘게 했을까를 생각하니 감격스럽습니다.
다윗의 친절함에서 인생을 향해서 친절히 대하시는 하나님을 봅니다. 자신이 죽임을 당할지 모른다는 두려움에 있을 므미보셋에게 다윗이 어떻게 하였습니까?
'너는 항상 내 상에서 떡을 먹을지니라.' 이보다 더 은혜를 끼치는 말이 또 어디에 있을까요? 하나님의 우리를 향하신 은혜, 저는 오늘도 하나님의 상에서 먹고 살아갑니다.
과연, 저는 이웃에게 상에서 함께 먹자고 초청을 한 적이 있는지요? 오늘, 이웃을 향해서 상의 한 자리를 내어 주어 함께 먹도록 하시옵소서. 함께 하자는 애정으로 이웃을 대하게 하시옵소서. 저를 미워하는 자라 하여도 상의 한 자리를 내어주어 함께 먹게 하시옵소서.

예수님의 이름으로 기도합니다. 아멘

하나님 아버지,
다윗의 신하들이 수염 절반을 깎이고, 의복의 중동볼기까지 잘리는 수모를 겪게 하신 것을 묵상합니다. 나하스의 죽음에 조문을 보낸 다윗과 그 선대에 불량했던 하눈을 비교하게 하심인 줄로 믿습니다.
신하가 당한 죽음보다 더한 수치와 모욕을 그대로 받아들였던 다윗의 인내를 깨닫습니다. 감정적으로 대하지 않은 그의 인내를 배웁니다.
훗날, 하눈의 이스라엘 백성에 대한 수치는 다윗이 암몬을 치도록 하신 결과가 되게 하셨습니다. 그의 위치를 더욱 공고하게 하시니 감격합니다.
오늘, 저는 어떠합니까? 억울함을 당했을 때, 즉시 분노하고, 참으려 하지 않으며, 너무도 감정적입니다. 더욱이 저에게 벌어지는 하나님의 의도하심을 생각하지 못하고, 저의 기분을 만족시키려 합니다.
제가 경험해야 되는 모든 것에 하나님의 의도가 있다고 하면서도, 하나님의 의도를 생각하기 전에 반응을 먼저 하지 않습니까? 제발 상황에 마음을 내어주지 않고, 물러서게 하시옵소서.
'수염이 자라기까지 여리고에 머물다가.' 저에게도 '까지 머무름'을 배우게 하시옵소서. 단련시켜 주시옵소서.

예수님의 이름으로 기도합니다. 아멘

11:15 그 편지에 써서 이르기를 너희가 우리아를 맹렬한 싸움에 앞세워 두고 너희는 뒤로 물러가서 그로 맞아 죽게 하라 하였더라

하나님 아버지,
"우리아를 맹렬한 싸움에 앞세워 두어서 그로 맞아 죽게 하라."는 다윗의 악함에 대하여 생각합니다. 자신의 죄를 감추기 위하여 더욱 큰 죄를 짓는 다윗의 모습을 보여 주신 줄로 믿습니다.
죄를 감추기 위해서 죄가 동원이 되고 있음을 생각합니다. 우리아를 제거하기만 하면 자신의 부정행위가 감추어지고, 또한 밧세바까지도 자신의 아내로 삼을 수 있을 것이라고 생각해서였을 것입니다. 그는 자신의 왕권을 사용하여 우리아를 죽이려 했습니다.
다윗이 자신의 죄 때문에 우리아를 죽이려 한 데서 죄의 확장을 깨닫습니다. 죄는 오직 회개를 해야 될 것이지 그 죄를 감추고자 하면 또 다른 죄를 지어야 한다는 것이지요. 저에게도 죄를 감추려고 변명을 했던 기억들이 있습니다. 그리고 그 변명에 핏대를 세워가며 떠들어댔었습니다. 오늘, 다윗에 의해 죄는 감추려할 것이 아니라 스스로 폭로해야 함을 깨닫습니다. 오히려 회개하고, 용서를 구해야 한다는 것을 생각합니다.
다윗이 어찌 그런 악행을 도모할 수 있었을까요? 죄의 영향 때문이라고 생각합니다. 죄는 사람의 성품과는 다르게 나타난다는 것에 주의를 기울이게 하시옵소서.

예수님의 이름으로 기도합니다. 아멘

하나님 아버지,
다윗의 범죄로 말미암아 "여호와의 원수가 크게 비방할 거리를 얻게" 하신 하나님의 심판을 배웁니다. 이스라엘은 하나님의 선민인데, 왕이 율법을 어기므로 하나님의 원수들에게 훼방거리를 마련해 준 것이었음을 말씀하신 줄로 믿습니다.
'여호와의 원수.' 하나님을 대적하는 이들을 지칭하는 대명사라고 봅니다. 그들에게 비방할 거리를 주지 않아야 한다는 것을 배웁니다. 이에 하나님께서 아기를 죽이시는 형벌을 내리셨다고 깨닫습니다.
다윗의 죄를 용서해 주신 대신에 하나님의 공의를 이루며 영광을 회복하시기 위해 다윗에게 죄의 열매인 '아이'를 죽이셨습니다.
'대신하여 죽음'에 대하여 주목하게 하십니다. 다윗의 죄를 대신해서 아기를 죽이심으로 '대속'의 진리에 대한 예표를 보여 주셨습니다. 죄인이었던 인생에게 죄를 용서하시려고 하나님께서는 예수님을 희생 제물이 되어 죽게 하셨습니다. 죄인은 용서를 받고, 하나님의 아들에게 '죗값'을 물어 십자가에서 죽도록 하셨음에 감격합니다.
이제, 제가 하나님께로 나아갈 때마다 대신 죽어주신 주님을 생각하게 하시옵소서. 제물이 되어 주신 주님께 찬양을 드리게 하시옵소서.

예수님의 이름으로 기도합니다. 아멘

13:14 암논이 그 말을 듣지 아니하고
다말보다 힘이 세므로 억지로 그와 동침하니라

하나님 아버지,
암논이 다말을 힘으로 눌러서 억지로 그와 동침하였다고 지적하신 하나님을 생각합니다. 그의 다말에게의 강간은 다윗이 우리아를 죽임에 대한 살인죄의 보응을 하나님께서 다윗의 집안에 내리신 줄로 믿습니다. 죄에 대한 하나님의 심판을 집행하신 것이라 생각합니다.
다말의 온갖 설득과 만류에도 불구하고 암논은 기어코 자신의 욕정을 채우고 말았습니다. 그것은 다윗이 욕정에 이끌려 밧세바를 강간하고, 우리아를 죽인 것과 같다는 깨달음입니다.
하나님은 왜 암논을 막지 않으셨나요? 다윗에 대한 심판이었습니까? 다윗에 이은 암논의 죄에 대해서 두려워합니다. 죄의 전이를 깨닫습니다.
죄에 대하여 민감하지 않게 지내는 저에게 주시는 경고로 오늘, 말씀을 받습니다.
사람으로서 죄를 지을 수 있다는 것으로 죄에 대하여 태만하지 않기를 원합니다. 음행하는 자는 자기 몸에게 죄를 짓는 것이라(고전 6:18) 하신 말씀을 잊지 않게 하시옵소서.
자기를 거룩하게 하며, 자신에 대하여 절제하는 것도 복이라고 깨닫습니다. 늘 자신을 살피며, 성령님께 자신을 내어드려서 거룩함으로 살게 하시옵소서.

예수님의 이름으로 기도합니다. 아멘

하나님 아버지,
"압살롬이 자기 집으로 돌아가고 왕의 얼굴을 보지 못하였다."는 다윗과 압살롬의 갈등을 묵상합니다. 두 사람의 아픔 역시 다윗의 범죄에 대한 하나님의 심판이라 믿습니다. 죄의 영향을 생각해 봅니다.
일종의 가택연금으로 '부자관계'의 의가 깨어졌음에 대해 묵상합니다. 표면적으로는 아버지가 자신을 용서했다고 하면서도 자기 집으로 돌아가서 다윗의 얼굴을 대하지 못한 압살롬은 아픔이 얼마나 컸을까요?
아들을 용서하지 못한 다윗의 아픔도 컸겠지요. 압살롬이 자신의 죄를 회개하는 기미를 전혀 보이지 않았기 때문이었을까요?
오늘, 저에게 부모와의 관계에서 하나님의 은혜를 묵상하게 하시옵소서. 부모와의 관계가 존경과 신뢰로 이어지기를 원합니다. 서로의 위치에서 사랑과 용납으로 이어지게 하시옵소서.
훗날에 일어난 상황이지만 다윗과 압살롬 간에 형성된 껄끄러움은 결국 압살롬으로 하여금 부친에 대한 미움과 반역이라는 새로운 죄악을 짓게 하였다고 생각합니다.
바로 다윗의 연약함이었겠지요. 인생은 넘어질 수밖에 없는 존재라는 것을 잊지 않고, 주의하게 하시옵소서.

예수님의 이름으로 기도합니다. 아멘

하나님 아버지,
압살롬이 의도적으로 다윗 왕의 백성을 자기의 사람으로 만들려고 그들에게 환심을 샀음에 대하여 생각합니다. 드디어 그가 다윗을 모반하여 스스로 헤브론에서 왕위에 올랐는데 여호와께 악함이 된 줄로 깨닫습니다.
다윗과 압살롬, 부자관계의 갈등은 끝내, 아들이 아버지를 대적하는 죄를 짓도록 했다는 것을 생각합니다. 이를 위한 압살롬의 치밀함에서 그가 망할 짓을 했다는 것에 두려움이 앞섭니다.
백성에게 소송 문제가 있을 때에 압살롬을 찾아와서 판결을 받으며, 그가 공정한 판결을 내려 주겠다고 했습니다.
오늘, 저는 어떠한지요? 하나님 앞에서 질서를 지키며, 저의 위치에서 역할을 다하고 있는지 돌아보게 하시옵소서. 감정의 끓음에 자신을 내어주어 하나님께 죄를 짓고, 악한 행실을 도모할까 두렵습니다.
하나님께서 주신 질서를 지키게 하시옵소서. 혹시라도 제가 부모님이나 가족에게서 서운함을 받아도 하나님 앞에서 떠나지 않기를 원합니다.
만일, 하나님께서 주신 질서를 어그러뜨림은 순간적으로는 만족할지 몰라도 그것은 죽음이라는 것을 잊지 않게 하시옵소서.

예수님의 이름으로 기도합니다. 아멘

하나님 아버지,
"오늘 그 저주 때문에 여호와께서 선으로 내게 갚아 주시리라."고 확신하게 하시니 감사합니다. 다윗은 시므이의 저주를 좋은 것으로 갚아주실 하나님께 대한 기대로 받아들였다고 믿습니다.
다윗은 아들이 아버지를 죽이려 하는데, 하물며 시므이의 저주에 대꾸할 의미가 없다고 했습니다. 자신에게 일어난 일에 '개입하시는 하나님'을 생각하는 그의 자세를 깨닫습니다.
그러면서 하나님께서 자기를 불쌍히 여겨주실 것을 고백합니다. 그렇습니다. 하나님께서 불쌍히 여겨 주심에 깊은 절망에서도 소망이 있다고 믿습니다.
오늘, 눈으로 보여 지는 상황에 요동하지 않기를 원합니다. 닥쳐오는 상황들을 그대로 받아들이고, 하나님께서 자비를 베풀 것을 기다리게 하시옵소서.
하나님의 긍휼히 여기심은 소망이라고 확신합니다. 혹시 수욕을 당한다 하여도 분을 내어 대항하지 말고, 하나님의 의도에 자신을 맡기게 하시옵소서.
끓어오르는 화에 견디기 어려워 하나님께서 불쌍히 여겨 주심을 바라게 하시옵소서. 사람은 저에게 아무것도 해줄 수 없다는 것을 생각합니다. 오직, 하나님을 의지하고, 위기에서도 구해 주실 것을 기대하게 하시옵소서.

예수님의 이름으로 기도합니다. 아멘

하나님 아버지,
"새벽까지 한 사람도 요단을 건너지 못한 자가 없었더라." 하시니 감사합니다. 하나님께서 밤사이에 다윗의 일행이 요단강을 건너도록 하셔서 일단 압살롬으로부터의 위기를 면하게 하신 줄로 믿습니다.
이로써 다윗의 군사들은 압살롬에게 대항하는 군사력을 재정비할 시간적인 여유를 가질 수 있게 되었다고 깨닫습니다. 이렇게 되자 다윗의 일행을 급습하려던 아히도벨의 모략이 실패로 돌아갔지요.
압살롬의 반역을 하나님께서 인정하시지 않으신다는 증거였습니다. 이것이 바로 하나님의 구원하심이라 생각하여 감격합니다.
오늘, 하나님께 소망을 갖지 않았던 삶을 회개합니다. 위기에 위기가 더해진다 해도 하나님을 기다려야 했는데, 저의 생각으로 위기에서 벗어나려 했었지요.
"요단을 건너지 못한 자가 없었더라."의 은혜를 저에게도 누리게 하실 하나님께 찬양을 드립니다. 저를 힘들게 하는 것들이 많지만 하나님의 구원하심에 소망을 갖게 하시옵소서.
이제는 하나님의 구원하심을 저의 삶으로 삼게 하시옵소서. 제가 살아가는 동안에 위기의 올무에서 벗어나는 것은 하나님께 있음을 확신하게 하시옵소서.

예수님의 이름으로 기도합니다. 아멘

하나님 아버지,
"압살롬의 머리가 그 상수리나무에 걸리매 그가 공중과 그 땅 사이에 달리고"라고 하신 말씀을 생각합니다. 하나님께서 압살롬을 심판하시는 시간인 줄로 믿습니다. 다윗에 대한 반역을 심판하시는 하나님을 깨닫습니다.
압살롬의 사람들이 다윗의 군대를 치려 할 때, 하나님께서는 그들을 수풀에서 죽은 자가 칼에 죽은 자보다 많게 하셨습니다. 하나님께서 다윗의 군대로 이기게 하셨음을 확인합니다.
그때, 노새를 타고 싸움터를 지휘하던 압살롬에게는 그의 머리가 상수리나무의 수풀에 걸리게 하셨습니다.
오늘, 하나님의 시간에 주목하게 하시니 감사합니다. 하나님께서 심판하실 시간이 되자 압살롬의 군사들을 수풀에서 죽게 하시고, 그의 머리는 나무의 가지에 걸리게 하셨습니다.
이로써 압살롬의 반역과 다윗 왕국의 고통을 끝내게 하셨습니다.
여기에서 저 자신을 돌아봅니다. 인생의 시간은 하나님의 주권이라는 것입니다. 이제, 저에게 주권자이신 하나님을 생각하게 하시옵소서.
하나님의 심판이 이르기 전에, 그 시간을 준비하게 하시옵소서.

예수님의 이름으로 기도합니다. 아멘

하나님 아버지,
"청하건대 그가 내 주 왕과 함께 건너가게 하시옵고 왕의 처분대로 그에게 베푸소서."라고 요청했던 바르실래의 태도를 배웁니다. 자신은 나이 많아 왕에게 누가 될까를 조심하고, 자신의 아들, 김함이 왕을 섬기도록 한 줄로 믿습니다.
다윗이 압살롬을 피해 있을 때 도움을 받아 그 은혜에 보답하려는 제의를 사양하는 바르실래의 겸손은 임금을 대하는 신하의 아름다움이라 깨닫습니다. 높은 지위에 있는 사람에게 어떻게 하면 잘 보일까 하는 요즘의 세태에 교훈을 줍니다.
이어서, 왕에게 거절하는 것이 무례함이 되지 않도록 자신의 아들 김함을 추천하는 지혜로움을 보게 하십니다.
오늘, 바르실래에게서 저를 나무라시는 하나님이십니다.
사실, 저는 기회를 좇아 지내오지 않았습니까? 기회가 될 것 같으면 그것을 붙잡으려고 수단과 방법을 가리지 않았습니다. 용서해 주시옵소서.
아울러 은혜를 입은 바르실래에게 사례하려는 '다윗의 보은'을 저의 것으로 삼게 하시옵소서.
저를 도와 준 사람에게 하나님께서 사람의 손길로 저를 돕도록 하셨음에 대한 감사의 표시를 귀하게 여기게 하시옵소서.

예수님의 이름으로 기도합니다. 아멘

하나님 아버지,
"그들이 비그리의 아들 세바의 머리를 베어 요압에게 던진지라." 하시니 감사합니다. 하나님께서 한 지혜로운 여인을 사용하셔서 다윗에게 대적하던 불량배를 진압하신 줄로 믿습니다.
유다 사람들과 이스라엘 사람들 사이에 논쟁이 있어 갈등이 일어났을 때, 이스라엘 사람 세바가 이 논쟁을 틈 타 이스라엘 사람들을 선동해서 다윗을 대적하게 되었음을 생각합니다.
세바가 이스라엘의 각 지파에게 다윗에게 반역하도록 했을 때, 한 지혜로운 여인을 세우셔서 그를 죽이도록 하셨습니다. 이로써 그의 반역을 진압하셨음에 의인을 일으키시는 하나님을 깨닫습니다.
오늘, 저에게 인간관계에서 자신의 위치에 대하여 교훈을 받게 하시니 감사합니다. 사람에게 동역자가 있고, 반역자가 있다는 것을 배웁니다. 저를 하나님의 편에 세워주셔서 하나님께 동역자로 삼아주시옵소서.
하나님께 반역의 길을 가지 않도록 막아 주시옵소서. 저를 하나님의 일에 몸을 드려 동역하게 하시옵소서. 혹시 사람들에게 외톨이가 되어도 하나님의 편을 선택하게 하시옵소서.

예수님의 이름으로 기도합니다. 아멘

21:22 이 네 사람 가드의 거인족의 소생이 다윗의 손과 그의 부하들의 손에 다 넘어졌더라

하나님 아버지,
"가드의 거인족의 소생이 다윗의 손과 그의 부하들의 손에" 넘어지게 하시니 감사합니다. 하나님께서는 교만한 자를 꺾으시고, 하나님을 의지하는 자에게는 보호를 받게 하시는 줄로 믿습니다. 블레셋의 거인족은 자기들의 힘을 자랑하며, 이스라엘을 침략해 들어왔지만 하나님께서 자기 백성을 지켜 주셨음에 감격합니다.
사람의 힘으로는 상대하기에 버거웠던 그들이었지만 다윗의 군대가 그들을 물리친 것은 하나님의 도우심이라 확신합니다. 하나님께서 자기의 힘을 의지한 자들을 꺾으신다는 것을 알게 하셨습니다.
오늘, 저에게 두려움을 주는 것은 힘이 센 사람이 아니라 하나님이시라는 것을 깨닫습니다. 세상은 하나님의 자녀인 저를 공격하여 쓰러뜨리지 못한다는 것을 확신합니다.
하나님께서 저를 보호해 주시므로 세상이 이겨낼 수 없다고 여깁니다. 오직 저의 힘은 하나님을 의지함에서 비롯된다는 것을 깨닫습니다. 제가 세상의 힘에 눌리지 않고, 믿음으로 당당하게 하시옵소서.
오늘, 하나님의 지켜 주심을 바라게 하시옵소서. 저 자신의 지혜나 힘에 의지하지 않고, 하나님의 품 안으로 들어가게 하시옵소서.

예수님의 이름으로 기도합니다. 아멘

하나님 아버지,

"내 구원의 반석이신 하나님을 높일지로다."라고 찬송하게 하시니 감사합니다. 찬송을 받으실 하나님께서 다윗에게 찬송을 드리게 하신 줄로 믿습니다.

하나님께서는 다윗에게 하나님의 하나님이심을 경험하게 하셔서 그에게 찬송을 주셨다고 깨닫습니다.

- 하나님의 구원과 사랑을 경험하게 하셨습니다.
- 하나님의 은혜를 기억하여 찬송을 드리게 하셨습니다.
- 다윗의 감사 찬송은 하나님께 응답이 되게 하셨습니다.

하나님 앞에서 응답으로 사는 삶을 깨닫게 하시니 감사합니다.

오늘, 은혜를 받음에 만족하고, 즐거움을 누릴 뿐이었던 저에게 거룩함에 도전하게 하시니 감사합니다. 제가 도전해야 될 것은 하나님께의 응답이라고 깨닫습니다.

하나님께서는 늘 저에게 은혜로 손을 내밀어 주시고, 기적으로 은총을 누리게 하시니, 그 받음에 대한 감사의 응답을 드리게 하시옵소서.

응답에서 제가 거룩함으로 이르게 됨을 깨닫습니다. 응답으로 제가 하나님의 자녀라는 것을 확신하게 하시옵소서. 이에, 하나님께의 응답을 묵상하고, 실천으로 옮기게 하시옵소서.

예수님의 이름으로 기도합니다. 아멘

하나님 아버지,

다윗의 세 용사가 "베들레헴 성문 곁 우물 물을 길어 가지고 다윗에게로" 오게 하시니 감사합니다. 세 용사가 목숨을 바쳐 다윗에게 충성한 것처럼 성도의 충성을 말씀하신 줄로 믿습니다. 성도는 하나님께 드려 진 병기로 사용되어야 함을 깨닫습니다.

그들이 베들레헴에 있던 블레셋의 부대를 정면으로 꿰뚫고 나아갔음에서 그들의 비범한 용맹과 아울러 목숨을 건 충정을 발견하게 합니다. 신앙생활에도 용맹과 충정이 있어야 함을 깨닫습니다.

그들이 길어 온 우물 물을 여호와께 전제물로 드린 다윗에게서 감격합니다. 그 물을, 그토록 마시고 싶었지만 세 용사의 피와 다름없다는 것을 깨닫자, 온전히 하나님께 드렸습니다.

저는 정말로 하나님께 충성하고 있는지요? 하나님을 섬김에, 때로는 용맹이 필요한데 그렇게 하고 있는지요? 하나님께 저를 드려야 하는 대가를 지불하지 않고, 천국을 얻으려는 저를 용서해 주시옵소서.

오늘, 저에게 가르쳐 깨닫게 하시옵소서. 세 용사가 다윗에게 충성했듯이 하나님께 충성하기를 원합니다. 그리고 세 용사의 헌신을 깨닫게 되자, 그 귀함을 하나님께 드린 다윗의 겸손을 따르게 하시옵소서.

예수님의 이름으로 기도합니다. 아멘

하나님 아버지,
"여호와께 아뢰되 내가 이 일을 행함으로 큰 죄를 범하였나이다."라고 회개하게 하시니 감사합니다. 다윗이 인구조사로 말미암은 자책하게 하시는 하나님의 은혜를 깨닫게 하시는 줄로 믿습니다.
인구조사를 빙자하여 다윗 자신의 교만이 나타내지고, 그 자신을 과시하려 했던 죄를 깨닫게 하시니 감사합니다. 다윗에게 진노하시지 않고, 그의 죄를 알게 하시고, 회개에 이르게 하심에 눈물이 나옵니다.
'큰 죄를 범하였나이다.'라는 고백은 인생을 향한 하나님의 은혜라고 깨닫습니다. 이 고백으로 다윗에게는 하나님께 대한 소망이 열렸다고 봅니다.
오늘, 저에게도 하나님께 입술을 열 때, '큰 죄를 범하였나이다.'라고 고백하게 하시옵소서. 모든 것에서 하나님을 의지해야 하였지만 그렇게 하지 않았습니다. 어제와 똑 같이 반복되는 상황이지만 하나님께 여쭈어야 했음을 깨닫습니다.
자신에 대한 자만으로 지내고 있는 저를 보여주시니 감사합니다. 언제나 모든 것에서 하나님께 여쭙고, 그 손길의 은혜를 기다리는 삶이 언제나 저의 것이 될까요? 오늘을 지내는 중에, 하나님의 인도를 바라게 하시옵소서.

예수님의 이름으로 기도합니다. 아멘

하나님 아버지,
"모든 백성이 솔로몬 왕은 만세수를 하옵소서."라고 하게 하시니 감사합니다. 솔로몬을 왕으로 세우시면서 기름을 붓도록 하셨으니, 솔로몬은 하나님께서 구별하여 선택한 자이며, 그에게 여호와의 신을 부어주신다는 것을 알게 하신 줄로 믿습니다.
이에, 이스라엘 백성은 그들이 다윗의 명과 뜻을 좇았던 것처럼 솔로몬을 따를 것을 결단했다고 깨닫습니다. 그래서 그들은 "솔로몬 왕은 만세수를 하옵소서."라고 축복했다고 생각합니다.
오늘, 제가 하나님께 선택되어 구별을 받은 자로 세워지기를 원합니다. 새 왕의 등극으로 다윗에게 복종하였던 신하들의 충성과 백성의 환영에 감격합니다. 저에게도 하나님께 충성을 결단하게 하시옵소서.
하나님의 일하심을 환호하는데 부족하였던 저를 발견합니다. 새 왕의 등극에 선왕의 신하들이 충성을 약속했는데, 하나님을 향한 저의 충성은 어떠한지요? 저에게, 하나님이시므로 충성해야 할 것을 다짐합니다.
또한, 하나님의 일하심에 대한 환호에 대하여 깨닫습니다. 하나님의 일하심을 환영하고, 그 일의 성취를 위하여 마음을 다해서 섬길 것을 다짐하게 하시옵소서.

예수님의 이름으로 기도합니다. 아멘

하나님 아버지,
“그의 나라가 심히 견고하니라.” 하시니 감사합니다. 하나님께서 다윗에게, “내가 네 몸에서 날 네 씨를 네 뒤에 세워 그의 나라를 견고하게 하리라.”고 하신 언약의 성취인 줄로 믿습니다. 과연, 하나님은 자기의 말씀을 잊지 않으시며, 바꾸지 않으심을 깨닫습니다.
하나님께서 솔로몬을 다윗의 위에 앉도록 하셨습니다. 다윗이 죽고, 솔로몬이 임금의 자리에서 왕의 통치를 시작했다고 생각합니다.
하나님께서 다윗에게 함께 하셨듯이 솔로몬에게 이어가셨습니다. 이에, 그의 나라를 심히 견고하게 하셨습니다.
오늘, 언약을 성취하시는 하나님 앞에서 저의 결단을 새롭게 세우기를 원합니다. 그러므로 저에게 하나님의 아버지가 되심을 고백하게 하시옵소서.
하나님께서 저를 아들로 삼아 주셨음을 감사함으로 인정하고. 하나님께 아들로 지내게 하시옵소서.
- 하나님은 저를 구별해 주신 아버지이십니다.
- 저는 하나님께 선택을 받은 아들입니다.
이로써 하나님께서 저의 생애를 견고하게 해 주실 것을 확신합니다. 성경에 기록된 하나님의 언약이 성취될 것을 기다리게 하시옵소서.

예수님의 이름으로 기도합니다. 아멘

3:14 네가 만일 네 아버지 다윗이 행함 같이 내 길로 행하며 내 법도와 명령을 지키면 내가 또 네 날을 길게 하리라

하나님 아버지,
"내가 또 네 날을 길게 하리라."고 솔로몬에게 약속하시니 감사합니다. 솔로몬에게 축복을 선언하신 말씀인 줄로 믿습니다.
다윗의 행적을 선악을 판별하는 기준으로 삼아 하나님의 모든 율법과 교훈을 지키라고 하셨습니다.
솔로몬에게 선대의 삶을 행실의 모범으로 삼으라 하시면서 그에게 "네 날을 길게 하리라."고 약속해 주셨습니다.
솔로몬의 생애를 보장해 주시겠다는 언약이지요.
이 언약에 따라 그가 하나님께로부터 지혜를 받을 수 있었고, 덧붙여 수(壽)와 부(富)와 권세를 누릴 수 있었다고 깨달으며 감격합니다.
오늘, 하나님께서 저의 인생을 위하여 복을 주셨음을 깨닫습니다. 제가 복을 구하는 것은 하나님께서 주신 규례와 법도를 지키는 것이라고 확인합니다.
다윗과 같이 그리고 솔로몬처럼 여호와를 사랑하고, 하나님의 말씀에 순종하게 하시옵소서.
오늘도 성경의 가르침으로 한 날을 시작하게 하시고, 저의 삶과 행실의 근거를 성경으로 삼게 하시옵소서. 그리고 신앙 선배들이 보여주었던 신앙자로서의 삶의 자세를 저의 것으로 삼게 하시옵소서.

예수님의 이름으로 기도합니다. 아멘

하나님 아버지,
"지혜와 총명을 심히 많이 주시고 또 넓은 마음을 주시되" 라고 하시니 감사합니다. "내가 네 말대로 하여 네게 지혜롭고 총명한 마음을 주되"(3:12)라고 하신 약속의 성취라고 믿습니다.

- 지혜는 온전한 영적 상태를 가리킨다고 봅니다. 인간의 지혜는 하나님께로부터 주어지는 선물이라고 깨닫습니다.
- 총명은 예리한 판단력으로서 어렵고 복잡한 문제를 정확히 해결하는 능력이라고 깨닫습니다.
- 넓은 마음은 다양한 분야의 광범위한 지식을 수용할 수 있는 두뇌의 크기라고 깨닫습니다.

지혜와 총명, 넓은 마음은 사람이 하나님과의 관계에서 비롯된다고 확인합니다. 오늘, 저는 제가 왜 어리석은 지를 깨닫게 됩니다. 그것은 하나님을 경외함이 적었고, 하나님을 사랑함이 부족함이라고 깨닫습니다.
사실, 지금까지의 저는 하나님을 믿으면서도 저 자신에 확신을 두고 지내왔습니다. 하나님의 말씀보다 저의 생각에 확신을 두었습니다. 용서해 주시옵소서.
지금, 저에게 하나님을 사랑하게 하시옵소서. 하나님을 경외하게 하시옵소서. 저 자신이 아니라 하나님을 구하게 하시옵소서.

예수님의 이름으로 기도합니다. 아멘

하나님 아버지,
"내가 내 하나님 여호와의 이름을 위하여 성전을 건축하려 하오니" 라고 한 솔로몬을 생각합니다. 하나님께서 언약을 하셨던, "네 위에 오를 네 아들이 내 이름을 위하여 전을 건축하리라."는 말씀을 솔로몬에게 기억하게 하신 줄로 믿습니다.
하나님께서 솔로몬에게 사방의 태평을 주시고, 그와 이스라엘에 대적과 재앙이 없도록 하시니 감사합니다. 나라가 태평성대 하게 되자, 솔로몬이 성전을 건축함에 대한 소원을 갖게 하셨다고 깨닫습니다.
성전의 건축에 사용될 레바논의 백향목을 구하였고, 두로 왕의 협력으로 성전을 건축하도록 하나님께서 인도하셨다고 믿습니다.
오늘, 저에게 하나님의 기쁨을 배우게 하시니 감사합니다. 하나님께서 저에게 원하시는 것이 무엇인지를 깨닫게 하시고, 그것을 하게 하시옵소서. 솔로몬이 성전을 건축하는 것은 하나님께서 원하셨던 일이라 순조롭게 진행이 되도록 하셨다고 확신합니다.
저에게 하나님의 시간에 주목하게 하시옵소서. 하나님의 사람으로 살아드리는 것을 사모하며, 오늘 한 날이 하나님께 드림이 되게 하시옵소서. 저에게 작정된 하나님의 뜻의 성취가 되게 하시옵소서.

예수님의 이름으로 기도합니다. 아멘

하나님 아버지,
성전을 건축하려는 솔로몬에게 하나님께서 언약을 주시니 감사합니다. 하나님께서 솔로몬을 축복하신 선언이라고 믿습니다.
솔로몬에게 아버지가 되어주신 하나님께서 그에게 주신 말씀을 묵상합니다. 약속을 주시고, 하나님의 보상을 말씀하시니 감사합니다.
- '네가 내 법도와 율례를 따르고'
- '나의 계명에 순종하여, 그대로 그것을 지키면'
- '내가 네 아버지 다윗에게 약속한 바를 네게서 이루겠다.'
- '나는 이스라엘 자손과 더불어, 그들 가운데서 함께 살겠고'
- '내 백성 이스라엘을 결코 버리지 않겠다.'

오늘, 솔로몬에게 주신 약속으로 저를 축복하시는 선언을 받습니다.
- 하나님을 사랑하여 경외하며, 복종하게
- 저의 삶이 하나님께 성전(성소)로 구별되게 하시옵소서.

성경으로 저에게 하신 말씀을 성취하시려는 하나님을 확신합니다. 다윗과 솔로몬의 하나님께서 저에게도 하나님이 되어 주시기를 원하심을 깨닫습니다.
오직 복종으로 하나님을 사랑하게 하시옵소서.

예수님의 이름으로 기도합니다. 아멘

7:14(하) 이 히람은 모든 놋 일에 지혜와 총명과 재능을 구비한 자이더니 솔로몬 왕에게 와서 그 모든 공사를 하니라

하나님 아버지,
“솔로몬 왕에게 와서 그 모든 공사를 하니라.” 라고 하시니 감사합니다. 하나님께서 성전의 건축을 원하시고, 솔로몬이 성전의 건축을 완수하도록 동역자를 붙여주신 줄로 믿습니다.
히람이 누구입니까? “금, 은, 동, 철과 돌과 나무와 자색 청색 홍색 실과 가는 베로 일을 잘하며 또 모든 아로새기는 일에 익숙하고 모든 기묘한 양식에 능한 자”였지요.
두로 왕은 그를 솔로몬에게 추천하면서 이스라엘의 재주 있는 사람들과 함께 일하게 해달라고 부탁했습니다. 과연, 모세가 성막을 세울 때, 부름을 받았던 브살렐과 같다는 생각이 듭니다.
오늘, 사람을 준비하시는 하나님의 섭리를 깨닫습니다.
모세에게 성막을 짓도록 하시고 브살렐을 사용하셨던 하나님께서 솔로몬이 성전을 지을 때는 히람을 사용하셨습니다.
지금, 저에게 소원을 주시옵소서. 하나님의 일에 사용되어 지기를 사모하는 소원을 주시옵소서. 그리고 하나님께서 쓰시려 할 때 드리도록 준비되게 하시옵소서. 빈손으로는 무엇에도 쓸 수 없지 않습니까? 하나님의 사람으로 사용되도록 자신을 준비하게 하시옵소서.

예수님의 이름으로 기도합니다. 아멘

하나님 아버지,
성전에서 봉사하는 제사장이, "그 구름으로 말미암아 능히 서서 섬기지 못하였으니"라고 하시니 감사합니다. 여호와의 영광이 여호와의 성전에 가득하였다는 것을 말씀하신 줄로 믿습니다.
광야교회 시대에, 성막의 공사가 완성되었을 때, 모세가 구름 때문에 회막에 들어갈 수 없었던 상황을 기억합니다. 하나님의 영광은 너무 강렬해서 인간이 직접 대면할 수 없어서 구름으로 나타내셨음에 감격합니다.
솔로몬의 성전에 하나님의 영광이 임하였음을 깨닫습니다. 하나님께서 이전의 모세 성막과 마찬가지로 솔로몬 성전 역시 자신의 영광의 거처로 인정하셨음을 암시하셨습니다.
오늘, 제가 부끄러워서 견디기 어려움을 고백합니다. 하나님의 영이 제 안에 들어오셨고, 그렇다면 하나님께 성전으로 세워졌어야 하는데, 정녕 저에게 하나님의 영광이 있는지요? 용서해 주시옵소서.
하나님을 나타내려 하는 것보다 하나님께서 이루어 주심을 원하는 욕심으로 채워진 저의 모습, 하나님의 임재에는 관심이 부족하고, 습관이 되어버린 종교생활로 지쳐가고 있는 제가 아닌지요? 오늘 이후로는 저 자신의 구별된 성전이 되어 하나님께 영광이 되게 하시옵소서.

예수님의 이름으로 기도합니다. 아멘

하나님 아버지,
"네 기도와 네가 내 앞에서 간구한 바를 내가 들었은즉." 이라고 하시니 감사합니다. 하나님께서 솔로몬의 기도와 간구를 들으시고, 그에게 응답으로 축복의 언약을 주신 것이라고 믿습니다.
성전을 하나님께 드렸을 때, "무릇 이루기를 원하던 일을 마친 때"라고 하시니 감사합니다. 그에게 하나님 앞에서 소원을 갖게 하시고, 그것을 이루려고 수고하도록 하신 하나님을 깨닫습니다.
- 자기 백성에게 소원을 주시는 하나님께 찬양을 드립니다. 하나님께 합한 비전을 이루도록 하시는 하나님을 깨닫습니다.
오늘, 저는 어떤 자세로 지내왔는지를 돌아봅니다. 저는 기도와 간구에만 열심을 두었지, 제가 하나님께 합한가에 대하여는 소홀했던 것이 사실입니다. 저는 그저 저를 본위로 신앙생활을 해왔습니다. 용서해 주시옵소서.
솔로몬에게 복을 약속하시고, 그가 하나님의 뜻에 만족하게 행하면 이루어주신다는 약속에 감격하게 하시옵소서. 하나님께 드려진 사람으로 세워 주시고, 기도와 간구로 여호와 앞에서 지내게 하시옵소서.
이제, 저의 생각은 거절하고, 하나님의 뜻을 선택하게 하시옵소서. 하나님의 뜻을 이루어 드리게 하시옵소서.

예수님의 이름으로 기도합니다. 아멘

하나님 아버지,
"왕이 알지 못하여 대답하지 못한 것이 하나도 없었더라." 하시니 감사합니다. 하나님께서 그에게 지혜를 주셔서 솔로몬이 사람의 물음에 답변하지 못한 것이 없었던 줄로 믿습니다.
사람의 지혜가 하나님을 상대할 수 없음을 깨닫습니다.
스바 여왕은 솔로몬을 시험하고자 하였으나 하나님께서는 그녀에게 도리어 하나님을 찬양하게 하셨습니다. 과연, 하나님의 지혜를 세상의 지혜가 대항할 수 있겠습니까?
오늘, 저의 삶이 하나님께 드려지는 영광이 되게 하시옵소서. 세상의 사람들에게 하나님의 하나님이심을 알리게 하시옵소서.
저에게도 하나님께서 주신 지혜로 살아가 세상 사람들에게 답변이 되게 하시옵소서. 그들이 궁금해하는 것을 말해주게 하시옵소서. 이로써 하나님께 영광이 되게 하시옵소서.
성령님께서 강권하사, 하나님의 지혜로 충만하게 하시고, 그 지혜로 하나님의 일을 이루어 드리게 하시옵소서.
하나님께서 원하시는 그대로 쓰여 지기를 원합니다. 제가 하나님을 세상에 전하는 증거가 되어, 불신자들이 하나님께 찬양을 드리고 하나님께로 돌아오게 하시옵소서.

예수님의 이름으로 기도합니다. 아멘

11:5 이는 시돈 사람의 여신 아스다롯을 따르고
암몬 사람의 가증한 밀곰을 따름이라

하나님 아버지,
솔로몬이 하나님께 배은망덕하여 시돈 사람의 여신을 따르고, 암몬 사람의 가증한 것을 따름에 대하여 생각합니다. 솔로몬은 외국 여자들을 아내로 맞아들여 그들의 신도 섬기고 말았음을 깨닫습니다.
하나님께서 이방 여인과의 결혼을 금지하셨던 것은 그녀들이 가져온 신에게로 마음이 기울게 되기 때문이셨다고 생각합니다. 이방 여인들은 저마다 솔로몬을 꾀어서 우상을 섬기도록 하니, 그는 하나님께 죄를 짓고 말았음을 확인합니다.
오늘, 저는 하나님께 마음을 드려서 철저한지요? 오직 하나님을 섬기며, 하나님께서 미워하시는 행위에 대해서는 거절함을 분명하게 하시옵소서.
저의 태도가 미지근하여 죄로 들어가지 않게 하시며, 하나님께서 미워하시는 것에 손을 대지 않게 하시옵소서.
오늘, 악한 행실이 될 수 있는 것에는 그림자라도 가까이하지 않게 하시옵소서. 죄가 될 만한 것들에는 타협조차 거절하게 하시옵소서.
죄악 된 것에 마음이 기울지지 않도록 마음을 열거나 쳐다보지도 않게 하시옵소서. 성령님께 자신을 맡겨 거룩함을 지키게 하시옵소서.

예수님의 이름으로 기도합니다. 아멘

하나님 아버지,
"이 일은 여호와께로 말미암아 난 것이라." 하시니 감사합니다. 하나님께서 사람의 마음과 생각을 주관하심을 믿습니다. 사람은 자신이 자기의 주인이라 여기나 실제는 하나님이 주인이심을 깨닫습니다.
이스라엘 백성은 누구의 것입니까? 그들은 하나님의 백성이었으므로 그들의 요구에 대하여 르호보암은 하나님께 여쭈어야 했습니다. 왜, 하나님을 찾지 않았을까요?
로호보함은 하나님께 교만했다고 생각합니다. 그래서 백성을 섬기려 하지 않고, 그들에게 자기를 섬기라고 요구했습니다.
이에, 하나님께서도 그에게서 떠나신 줄로 생각합니다. 그 결과로, 이스라엘의 모든 지파가 그를 떠났고, 유다 지파만이 르호보암에게 남았지요. 이스라엘이 분열되고 말게 하셨습니다.
오늘, 로호보암에게서 저의 모습을 찾아보기를 원합니다. 혹시 저에게는 하나님께 일그러진 모습이 없는지요? 깨닫게 하시옵소서. 하나님께 겸손하고, 하나님의 뜻을 따르게 하시옵소서.
저의 행실로 말미암아 하나님께서 심판하시는 판결이 결정되지 않게 하시옵소서. 하나님께 거절을 당하지 않도록 성령님께서 저의 삶을 주장해 주시옵소서.

예수님의 이름으로 기도합니다. 아멘

하나님 아버지,

"하나님의 사람이 여호와의 말씀으로 보인 징조대로"라고 하시니 감사합니다. 선지자에게 하신 말씀을 그대로 성취된다는 것을 믿으라고 하심이라 깨닫습니다. 하나님의 말씀을 소홀이 하지 말아야 함을 결단하게 하시니 감사합니다.

'재가 단에서 쏟아진지라.' 하나님께서 여로보암의 희생제사를 받지 않으셨다는 사실을 깨닫게 하십니다. 그가 드린 제사와 그 제단이 하나님께 받으실 만하지 않았다는 증거라 여기게 하시니, 조심스럽습니다.

그렇다면 저는 어떠한지요? 오늘 저의 예배하는 행위와 삶을 돌아봅니다. 제가 하나님께 드린다는 감사와 찬양 그리고 헌금을 살펴봅니다. 나아가 교회공동체를 위한다는 저의 행실을 돌아봅니다.

지금 당장, 하나님의 말씀이 이루어지는 것을 보지 않는다고 해서 경거망동하지 않게 하시옵소서. 하나님께서 하신 말씀의 성취가 없다고 하여 이미 하신 말씀에 불신하지 않게 하시옵소서.

하나님의 시간에, 말씀을 이루시는 하나님이십니다. 하나님께 영광이 되는 시간에 언약을 성취하시니 말씀을 두려워하게 하시옵소서.

예수님의 이름으로 기도합니다. 아멘

하나님 아버지,
"여호와께서 여로보암의 죄로 말미암아 이스라엘을 버리시리니."라고 하신 말씀을 묵상합니다. 여로보암의 범죄가 그 자신은 물론 오고 오는 세대에 이스라엘을 죄로 물들게(오염)한 줄로 믿습니다.
왕의 범죄는 그 한 사람에게 그치지 않고, 그가 왕이었던 만큼 이스라엘 전체가 죄로 타락을 가져오게 하였음을 깨닫습니다. 왕이 선하면 온 나라가 하나님께 영광이 되고, 왕이 악하면 그의 행실로 온 백성이 악하게 된다는 것을 묵상합니다.
이러한 이치는 가정에서도 그대로 나타남을 생각합니다. 부모의 언행심사는 그 자신과 자녀들, 가족 전체에 영향이 된다는 것이지요.
오늘, 저의 가정이 하나님께 성소로 구별되기 위해서 제가 먼저 거룩해지기를 원합니다. 하나님께서 저를 제물로 받아 주시옵소서.
이제, 저에게 작심하는 은혜를 내려 주시옵소서. 하나님께 죄를 짓지 않는 부모가 되게 하시옵소서. 성령님께서 강권하셔서 살아 움직이며, 행동하는 성소로 제 몸이 드려지게 하시옵소서.
이로써 저와 저의 자녀들, 후대의 역사에서 성소로 세워지게 하시옵소서.

예수님의 이름으로 기도합니다. 아멘

15:11 아사가 그의 조상 다윗 같이
여호와 보시기에 정직하게 행하여

하나님 아버지,
"그의 조상 다윗 같이 여호와 보시기에 정직하게 행하여." 라고 하시니 감사합니다. 오직 여호와를 경외하여 그 앞에서 정직하게 살아야 한다는 것을 말씀하신 줄로 믿습니다.
예루살렘에 한 등불을 주시고, 예루살렘을 굳게 하셨던 하나님의 은혜를 사모합니다. 그 은혜로 아사를 왕위에 오르게 하셨다고 믿습니다. 아사로 말미암아 유다를 하나님의 왕국으로 회복하게 하시니 감격스럽습니다.
오늘, 아사로부터 배우기를 원합니다.
- 그는 성전의 남창들을 유다 밖으로 몰아내었습니다.
- 조상이 만들었던 모든 우상을 없애 버렸습니다.
- 우상을 만든 외조모를 왕의 대비의 자리에서 쫓아내었습니다.
- 외조모가 만들어 섬겼던 우상을 토막 내어 불살라 버렸습니다.
- 만들어 구별한 은금 그릇들을 성전에 들였습니다.
저에게도 아사를 따라 조상의 죄악 된 행실을 버리게 하시옵소서. 하나님을 경외하는 마음이 평생 한 결 같게 하시옵소서. 저로 말미암아 저의 가정과 후손이 신앙부흥의 복을 누리게 하시옵소서.

예수님의 이름으로 기도합니다. 아멘

하나님 아버지,
"그 전의 모든 사람보다 더욱 악하게 행하여"라고 평가가 내려진 오므리에 대하여 생각합니다. 조상의 죄악된 행실을 따르고 자신의 악행을 더하여 죄의 확장성을 말씀하신 줄로 믿습니다.
오므리는 이전 왕들의 죄악을 따르고, 여기에 자신의 악행을 더하였다고 깨닫습니다. 조상의 길에 자신의 악한 행실이 더해지니 죄가 더 커졌음을 생각합니다.
오늘, 부모의 죄가 자녀에게 대물림이 되는 고발을 받습니다. 세대를 거치면서 죄의 확장에 두려움을 갖습니다. 부모의 삶과 신앙이 그대로 자녀에게 물려짐을 두려워합니다. 저는 자녀에게 무엇을 보여주고 있는지요?
저의 행실이 저에게서 그치지 않는다는 것을 다시 배웁니다. 마음으로는 자녀가 하나님께 복을 받기를 원하면서도, 행실에서는 하나님께서 미워하시는 일을 일삼은 저를 성령님께서 다스려 주시옵소서.
결코, 자녀에게 죄악 된 길이 되지 않기를 원합니다. 저로 말미암아 자녀가 악해지지 않도록 막아 주시옵소서.
죄의 '물림'을 거절하게 하시고, 자녀가 여호와께 복되도록 선한 영향을 끼치게 하시옵소서.

예수님의 이름으로 기도합니다. 아멘

17:6 까마귀들이 아침에도 떡과 고기를, 저녁에도 떡과 고기를 가져왔고 그가 시냇물을 마셨으나

하나님 아버지,
"아침에도 떡과 고기를, 저녁에도 떡과 고기를 가져왔고"라고 하시니 감사합니다. 하나님께서 약속하셨던 대로 까마귀들에게 명령하여 엘리야를 먹이셨다고 믿습니다.
죽어서 부패한 짐승의 살을 뜯는 까마귀도 하나님께 사용되었다는 사실에 감사합니다.
까마귀는 매우 게걸스런 날짐승으로 시체와 썩을 것들을 즐겨 먹어치우지 않습니까? 그런 까마귀가 떡과 고기를 엘리야에게 날라주었다는 것에 감격합니다.
엘리야를 보호하시려고 까마귀도 동원하신 하나님을 생각합니다. 숨어 지내던 엘리야에게 얼마나 위로가 되었을까요.
오늘, 엘리야를 보호하시는 하나님께서 저를 그렇게 보호하셨음을 깨닫습니다. 홀로 버려진 신세와 같은 저를 하나님은 보고 계셨습니다. 저를 향하신 하나님의 자비하심에 왈칵 눈물이 쏟아집니다.
하나님의 일을 위해서 까마귀도 사용하시는 하나님께서 저를 사용해 주실 것을 기대합니다. 비록, 흠이 많고, 모자랄 뿐이지만 하나님께 쓰여 진다면 이 모습을 다 드리기를 원합니다. 하나님께서 쓰시기에 맞는 용도로 저를 단련시키시고, 사용해 주시옵소서.

예수님의 이름으로 기도합니다. 아멘

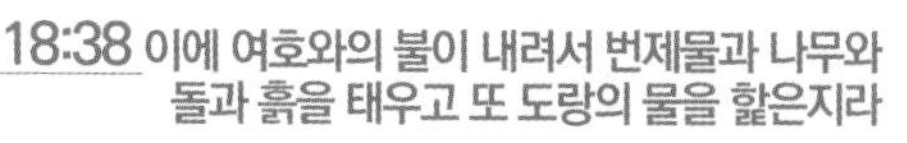
18:38 이에 여호와의 불이 내려서 번제물과 나무와 돌과 흙을 태우고 또 도랑의 물을 핥은지라

하나님 아버지,

여호와의 불을 내려 주시니 감사합니다. 바알과 아세라는 거짓 신이며, 엘리야의 하나님이 참 신이라는 것을 선포하신 줄로 믿습니다.

'불을 보내셔서 응답하는 신이 있으면, 바로 그분이 하나님이시다.' 엘리야의 말에 응답하신 하나님께 찬양과 영광을 드립니다.

여호와의 불에 의해 살라진 것은 번제물 뿐 아니라 나무와 돌, 흙까지였음을 묵상합니다. 이로써 하나님께서 자기의 능력을 이스라엘에 나타내셨습니다.

엘리야의 간절함에 응답하셔서 여호와께서 하나님이신 것을 확인하게 하시니 감사합니다. 이에, 이스라엘 백성이, "여호와, 그는 하나님이시로다."라고 찬양을 드리도록 하셨습니다.

오늘, 저에게도 불을 내려 주시옵소서. 여호와의 불이 내림을 경험하게 하시옵소서. 하나님의 응답을 누리도록 이끌어 주시옵소서.

저의 입술에서 "여호와, 그는 하나님이시로다."라고 찬양을 바치게 하시옵소서. 제가 살아가는 평생의 시간을 여호와를 하나님으로 고백하는 예배로 삼게 하시옵소서. 세상을 향해서 하나님을 선포하게 하시옵소서.

예수님의 이름으로 기도합니다. 아멘

19:5 로뎀 나무 아래에 누워 자더니 천사가 그를 어루만지며 그에게 이르되 일어나서 먹으라 하는지라

하나님 아버지,
천사가 엘리야를 어루만지며 "그에게 이르되 일어나서 먹으라." 하시니 감사합니다. 하나님의 사람에게 천사를 보내셔서 하나님께서 그를 붙잡아 주신 줄로 믿습니다.
천사가 엘리야를 깨운 것은 그에게 주님이 나타나심이었다고 생각합니다.
이세벨이 주님의 제단을 헐고, 선지자들을 칼로 죽이고, 자신만 홀로 남은 엘리야였습니다. 그가 얼마나 두려웠을까요? 로뎀 나무 아래서 죽기를 간청하며 기도하다 잠들었던 그에게 천사를 보내주신 하나님의 은혜에 감격합니다.
오늘, 저는 어떠한지요? 하나님을 사랑하며 사는 것이 때로는 외톨이가 되어야 했고, 사람들로부터 따돌림이 되기도 했습니다.
그것이 두려워서 하나님의 자녀라는 신분도 드러내지 못하기도 했습니다. 저는 참으로 비겁하였습니다.
'나만 홀로 남았습니다.' 두려움에 떨었던 엘리야를 보는 듯합니다. 그렇지만 그만 홀로 있지 않다는 것을 알려주시려고 천사를 보내주신 하나님이십니다. 하나님이 함께 하시니 더 이상 두렵지 않습니다.
하나님의 자녀라고 당당하게 일어서게 하시옵소서.

예수님의 이름으로 기도합니다. 아멘

하나님 아버지,
이스라엘 왕이 나가서 말과 병거를 치고, 아람 사람을 쳐서 크게 이기게 하시니 감사합니다. 아합 왕에게 '하나님은 여호와이시라'는 것을 깨달아 하나님을 믿으라 하심인 줄로 믿습니다.
32명의 왕들로 이루어진 아람의 연합군을 이스라엘이 물리치게 하신 하나님께 감격스럽습니다. 아람의 연합군이 사마리아 성을 포위했을 때만해도 아합은 두려워했는데, 그가 아람의 연합군의 말과 병거를 치고 또 그들을 쳐서 이기게 하셨습니다.
- 그러면 너는 내가 여호와인 것을 알게 될 것이다. 아멘.
하나님께서 아람 군대를 쳐 이기게 하신 까닭이라고 깨닫습니다. 하나님의 관심은 사람이 하나님을 여호와로 믿는 것이라고 배웁니다.
제가 하나님을 여호와로 믿는 지를 물어 주시옵소서. '하나님은 저에게 여호와이십니다. 아멘.' 성령님께서 저에게 하나님을 여호와로 믿게 해주시니 감사합니다.
하나님께 대한 믿음의 확신을 갖게 하시는 성령님을 사랑합니다. 성령님을 좋아합니다.
성령님께서 강권하시는 감동을 사모하고, 오늘을 살아가는 한 날이 하나님을 여호와로 섬기는 증거 되게 하시옵소서.

예수님의 이름으로 기도합니다. 아멘

하나님 아버지,

"개들이 네 피 곧 네 몸의 피도 핥으리라 하였다 하라." 하시니 감사합니다. 아합이 하나님을 노하게 하고, 이스라엘 백성을 죄의 길로 인도하였기 때문에 심판하신 줄로 믿습니다.

이세벨이 아합을 충동하여 온갖 악을 행하도록 하였기 때문에, 그가 여호와 앞에서 악을 행하는 데만 정신이 팔렸었다고 생각합니다. 만일, 아합이 이세벨을 아내로 맞아들이지 않았다면 달랐겠지요.

이세벨과 아합은 하나님께서 미워하시는 일만 저질렀고, 어쩌면 그리도 악한 일만 행했는지요? 두 사람이 하나님께 죄를 짓고, 백성에게 악하게 하였기 때문에 그들을 죽어 피 흘리게 하셨습니다.

오늘, 아합에 대하여 하신 하나님의 말씀을 다시 읽습니다: "느밧의 아들 여로보암의 집과 아히야의 아들 바아사의 집처럼 되게 할 것이다."

하나님을 노하게 하고, 이스라엘 백성을 죄의 길로 인도하였기 때문에 받은 벌이었음을 깨닫습니다.

하나님께 죄가 되는 행동을 두려워하게 하시옵소서. 저에게 주시는 하나님의 은혜라고 깨닫습니다. 하나님께서 미워하시는 것들을 저도 미워하게 하시옵소서.

예수님의 이름으로 기도합니다. 아멘

하나님 아버지,
"무심코 활을 당겨 이스라엘 왕의 갑옷 솔기를 맞힌지라." 하시니 감사합니다. 하나님께서 선지자의 입으로 선포하도록 하신 말씀을 성취하신 줄로 믿습니다.
선지자를 대적한 아합 왕에게 내리신 하나님의 진노를 다시 한 번 확인합니다. 선지자의 말을 들으려 하지 않았던 악한 왕을 처리하시는 하나님의 심판을 배웁니다.
아합이 변장을 하고 아람과의 전투에 임하였지만, 하나님의 눈은 감출 수 없었습니다. 아람의 군사 한 명이 이스라엘 군사를 향해서 쏜 화살 하나가 아합 왕의 갑옷 솔기에 꽂혀 피를 흘리게 하셨고, 그날 전쟁이 오래여서 아합은 흘린 피가 많아 죽게 하셨습니다.
아람의 병사 한 사람이 무심코 화살을 쏘아 아합 왕이 맞도록 하신 하나님이십니다. 사람으로 무심코 행동을 하게 해서라도 자기의 뜻을 성취하시는 하나님이십니다.
오늘, 하나님의 말씀을 받을 때, 진지할 것을 다짐합니다.
하나님의 입에서 나온 말씀은 꼭 이루어진다는 것을 확신하게 하시옵소서.
오늘 이후로, 결코 하나님의 말씀을 소홀히 하지 않게 하시옵소서. 말씀을 이루어 내시는 하나님 앞에서 겸손하게 하시옵소서.

예수님의 이름으로 기도합니다. 아멘

하나님 아버지,
"네가 반드시 죽으리라 하셨다 하라." 하시니 감사합니다. 우상 숭배의 죄 때문에 아하시야에게 죽음의 심판이 임하였음을 말씀하신 줄로 믿습니다. 하나님은 죄에 대하여 심판하신다는 것을 깨닫습니다.
하나님께서는 그 징계로 말미암아 공의를 이루어 가심을 생각하니 감사합니다. 하나님의 말씀에는 '헛된 말'이 없음에 감격합니다.
이어서, 임금이 죽게 된다는 하나님의 말씀을 듣고, 지체 없이 길을 나섰던 엘리야에게 배웁니다. 하나님께서 말씀을 하셨어도, 절대 권력자에게 그의 죽음에 대하여 말을 전하기란 주저할 수 밖에요.
그럼에도 아하시야의 사자들에게 전달하려고 길을 나선 엘리야, 그는 하나님께 대한 즉각적인 순종의 사람이었습니다.
오늘, 저에게 하나님의 심판 앞에서 살아가고 있음을 주목하게 하시니 감사합니다. 그리고 하나님의 말씀을 받고, 꾸물거리지 않았던 순종을 저의 것으로 삼게 하시니 감사합니다.
하나님의 말씀 앞에서 세상을 두려워하지 않게 하시옵소서. 오늘을 지낼 때, 어떤 상황속에서도 하나님의 말씀을 전하는 것에 즉시 순종하는 충성을 보이게 하시옵소서.

예수님의 이름으로 기도합니다. 아멘

하나님 아버지,
“엘리야가 회오리 바람으로 하늘로 올라가더라.” 하시니 감사합니다. 하나님께서 엘리야를 데려가신 것인 줄로 믿습니다.
두 사람에게 하나님의 임재하시는 형상으로 불수레와 불말들이 나타났다는 것에 감격스럽습니다. 엘리사에게 엘리야와의 마지막 시간에 하나님의 임재와 초자연적인 권능을 보여 주셨다고 깨닫습니다.
회오리 바람이 일어나 엘리야를 더 이상 사람의 눈에 보이지 않게 하셨습니다. 하나님의 임재 속에서 사라지도록 하셨다고 생각합니다.
오늘, 엘리야의 끝을 보면서 에녹과 예수님을 생각하게 하시니 감사합니다. 죽지 않고 하늘로 올라간 에녹, 그리고 주님의 승천에서 우리가 사모해야 될 곳, 하늘을 바라게 하셨음을 깨닫습니다.
엘리야가 사라짐처럼, 저에게도 하나님의 임재 안에서 사라짐-승천을 경험하게 하시옵소서. 하나님의 능력으로 사라지게 하셨음을 저의 것으로 소망하게 하시옵소서.
또한, 성경의 기록으로 말씀에 약속하신 대로 주님께서 다시 오실 때, 모든 신자들이 경험하게 될 승천이라고 생각합니다. 승천의 영광을 기다리게 하시옵소서.

예수님의 이름으로 기도합니다. 아멘

3:20 아침이 되어 소제 드릴 때에 물이
에돔 쪽에서부터 흘러와 그 땅에 가득하였더라

하나님 아버지,
"아침이 되어 소제 드릴 때에"라고 하시니 감사합니다.
매일 아침과 저녁 두 번씩 하나님께 제물을 드려 거룩함을 유지한 이스라엘 백성이었음을 믿습니다.
정시를 지켜 드려지는 제사의 시간에, 에돔 쪽에서부터 물이 흘러오게 하셨음을 깨닫습니다.
이스라엘에 비를 보지 못하여 가축을 먹일 물이 없을 때, 엘리사가 예언하였습니다. 골짜기에 물이 가득해서 사람들과 가축, 짐승들이 마시리라고 하였지요.
거룩하게 구별된 곳에서, 정한 시간에 제사하던 그들에게 물을 주신 하나님이십니다.
예배하는 시간에, 하나님께서 응답해 주셨음을 확신하면서 저 자신을 돌아봅니다. 예배하라고 정해 주신 장소에 대한 구별된 의식을 갖고 있었는지요? 또한 정시에 예배하는 삶을 주목하고 지냈는지요?
오늘, 하나님께 예배하는 삶에, 정해진 장소와 정해진 시간을 소중하게 여기게 하시옵소서. 그 장소와 시간은 하나님께 구별된 것이라는 사실에 감격합니다.
하나님께의 구별을 지킬 때, 하나님의 응답을 선물로 받는 것을 생각합니다. 자기 백성을 도와주시는 하나님을 기다리게 하시옵소서.

예수님의 이름으로 기도합니다. 아멘

하나님 아버지,
"그들은 그릇을 그에게로 가져오고"라고 하시니 감사합니다. 선지자의 말에 순종한 여인에게 하나님께서 순종의 열매를 보게 해 주신 줄로 믿습니다. 여인은 엘리사를 믿었기 때문에, 그가 시키는 대로 순종하였고, 그 결과, 이적을 경험하게 되었음이 가슴을 벅차게 합니다.
빌려 온 그릇이 가득 차서 이제는 더 이상 받을 그릇이 없을 때까지 기름이 부어졌음에 감격합니다. 하나님께서는 그녀를 위하여 기름을 준비해 주셨고, 여인은 선지자의 말을 믿고 그릇을 준비하였다는 것을 생각합니다. 사람의 믿음에 하나님께서 응답해 주신다는 것이지요.
오늘, 하나님의 기적에 초대를 받지 못하고 있는 이유를 깨닫습니다. 하나님의 약속이 들어있는 성경을 갖고 있으면서도 순종하지 않아서 하나님의 응답을 누리지 못하고 있는 어리석음을 회개합니다.
믿음이 있는 척은 하지만 실상, 저에게는 하나님께 대한 믿음이 없습니다. 제가 생각으로 받아들일 수 있는 것에만 순종을 했습니다.
선지자가 여인에게 했던 말, "빈 그릇을 빌되 조금 빌지 말고"에 주목합니다. 하나님을 향한 믿음을 준비하기를 원합니다. 그리하여 하나님께서 말씀을 주시면 즉각 순종하게 하시옵소서.

예수님의 이름으로 기도합니다. 아멘

5:14(하) 요단 강에 일곱 번 몸을 잠그니 그의 살이 어린 아이의 살 같이 회복되어 깨끗하게 되었더라

하나님 아버지,
"어린 아이의 살 같이 회복되어 깨끗하게"라고 하시니 감사합니다. 치유의 능력이 하나님께로부터 말미암음을 확인하라 하신 줄로 믿습니다. 자기를 극복하고 치유의 은혜로 회복된 나아만을 생각합니다.
엘리사가 말하기를, "요단 강에 일곱 번 몸을 잠그라" 할 때, 나아만은 혼란스럽고, 선지자에게 괘씸하기도 했을 겁니다. 사실, 다메섹의 강들이 요단 강보다 물이 맑고 깨끗했으니까요. 그리고 선지자가 치유를 위해 나아만에게 어떤 긍휼적인 행동도 하지 않아서였지요.
엘리사의 처방은 나아만에게 그의 문둥병을 하나님께서 치료해 주실 수 있다는 것을 선포함이었다고 깨닫습니다. 오늘, 나아만이 하나님께로 나아왔기 때문에 치료가 되었음을 확신합니다. 그는 자기를 부정해야 했습니다. 그리고 치유의 능력이 하나님께 있음을 받아들여야 했습니다.
나아만이 치유가 되고, 그의 살이 어린 아이와 같이 부드럽게 된 것은 그의 철저한 순종적 행위에 대한 하나님의 은혜였습니다.
오늘, 저에게도 하나님께로 나아가는 매일, 매일을 주시옵소서. 하나님께의 순종이 은혜에 대한 보장이라는 것을 잊지 않게 하시옵소서.

예수님의 이름으로 기도합니다. 아멘

하나님 아버지,

"나뭇가지를 베어 물에 던져 쇠도끼를 떠오르게"라고 하시니 감사합니다. 빌려 온 쇠도끼를 잃게 된 선지자의 생도를 안타깝게 된 상황에서 구원해 준 줄로 믿습니다.

도끼를 빌려 왔으니 그는 정말로 가난한 사람이었을 겁니다. 그런데 그만 물에 빠뜨렸으니, 쇠도끼의 주인에게 무어라 해야 할지 모르는 난처함은 엘리사를 민망하게 했을 거라 생각합니다.

엘리사가 나뭇가지를 물에 던지자, 쇠도끼가 떠오르게 되었습니다. 나뭇가지가 물속에 빠진 쇠도끼를 올라오게 했을까요? 하나님께서 그리 하신 줄로 확신합니다.

오늘, 쇠도끼를 물 위로 떠오르게 하신 하나님을 생각합니다. 선지자의 생도에게 하나님의 기적을 보여주셨으니 감격스럽습니다. 우리에게 기적이지만 사실, 하나님의 능력으로 될 수 있음을 깨닫습니다.

- 난처한 상황에서 구원해 주신 하나님께 찬양을 드립니다.
- 억압으로부터 자유롭게 해 주시는 하나님께 찬양을 드립니다.

하나님은 인생에게 누구이십니까? 사람으로서 어찌해볼 수 없음에서 구원을 보여주셨습니다. 하나님께 찬송을 드리게 하시옵소서.

예수님의 이름으로 기도합니다. 아멘

7:7 해질 무렵에 일어나서 도망하되 그 장막과 말과 나귀를 버리고 진영을 그대로 두고 목숨을 위하여 도망하였음이라

하나님 아버지,
“그 장막과 말과 나귀를 버리고”라고 하시니 감사합니다. 하나님께서 아람의 군사들을 두렵게 하신 줄로 믿습니다. 그들이 귀에 병거 소리, 말 소리, 큰 군대의 소리를 내신 하나님께 감격합니다.
소리의 기적으로 그들은 자기를 살피지 못하고 도망을 쳤다고 생각합니다. 아마도 그들은 너무나 공포에 질려서 군장을 꾸릴 여유가 없었겠지요.
미디안 군사들이 자기들끼리 서로 죽였던 것을 기억합니다. 양식이 없어 굶어죽게 되었던 성 밖에서 살던 한센병자들은 텅 빈 아람군의 진영에 놀라워했고, 그들에게 남겨진 음식으로 배 불리 먹게 하신 하나님께 감사합니다.
오늘, 하나님의 권능은 아람이 군사들에게 두려움이 작용하도록 하셨지만, 하나님을 의지하는 자에게 하나님께서는 도움이 되시고 피난처가 되심을 확신합니다. 하나님께 피하고, 의지하며 지내게 하시옵소서.
한센병자들이 자기들이 먹고, 즐기는 것을 반성하면서 이 소식을 이스라엘 왕궁에 전하였다는 것에 주목합니다. 좋은 소식은 전해야 하며, 지체하지 않고 나누어야 한다는 것을 깨닫습니다. 오늘, 저에게 주신 하나님의 은혜를 이웃에게로 나눔에 의무를 갖게 하시옵소서.

예수님의 이름으로 기도합니다. 아멘

하나님 아버지,
"이불을 물에 적시어 왕의 얼굴에 덮으매"라고 한 것을 생각해 봅니다. 아람의 장수 하사엘이 왕위를 찬탈하여 왕이 되려고 벤하닷을 죽이는 악행을 저질렀다고 깨닫습니다. 하나님을 무시하는 아람 나라였기 때문에 악한 일이 일어났다고 봅니다.
병이 든 벤하닷은 하나님의 사람에게 물으려고 하사엘을 선지자에게로 보냈습니다. 하사엘을 신뢰하여, 자신의 병세를 알아보려 보냈는데, 그가 왕을 배반하여 죽이고, 자신이 왕이 되었지요.
오늘, 왕은 하나님께서 세우시므로 왕의 자리는 존중을 받아야 했다고 여깁니다. 사울 왕이 여호와 앞에서 온갖 악행을 저질러도 그의 목숨에 손을 대지 않았던 다윗의 두려움을 기억합니다.
하사엘이 이스라엘에 악한 일들을 행하게 될 것을 본 엘리사는 눈물을 흘렸습니다. 하나님께서 이스라엘의 닥칠 일을 보여주셨습니다.
하사엘이 왕의 자리를 넘본 것은 하나님이 없는 자로서의 악행이었다고 여깁니다. 하나님을 존중해드리고, 두려워하게 하시옵소서.
오늘을 지내면서 하나님의 권세를 인정해 드리게 하시옵소서.

예수님의 이름으로 기도합니다. 아멘

9:7 너는 네 주 아합의 집을 치라 내가 나의 종 곧 선지자들의 피와 여호와의 종들의 피를 이세벨에게 갚아 주리라

하나님 아버지,

"이세벨에게 갚아 주리라."라고 하시니 감사합니다. 하나님께서 예후에게 기름을 부어 이스라엘의 왕으로 세우시면서 그에게 언약해 주신 줄로 믿습니다. 아합의 집을 멸망시키시려고 예후를 왕으로 계획하셨음을 깨닫습니다.

이를 위하여 선지자의 생도 중에서 한 사람이 사용되었는데, 그의 순종이 하나님의 뜻을 성취시켰음에 감격합니다. 어린 사람이 아합을 두려워하지 않고, 하나님과 선지자에게 충성했음을 배웁니다.

그가 자신을 살피지 않고, 오직 선지자가 시키는 대로 순종해서 예후에게 기름을 붓는 용기에 방점을 찍게 하십니다. 오늘, 저는 하나님께 어떻게 충성하고 있는지요? 하나님의 사람이 저에게 지시하거나 권고하는 말에 얼마나 순종을 하고 있는지요?

선지자의 생도의 충성으로 하나님의 말씀이 예후에게 전해졌음에 감사합니다. 자신을 돌아보지 않는 대가를 지불함으로써 충성의 본을 보여준 그의 모습에 감동되게 하시옵소서.

지금도 하나님께서는 자신의 일을 이루시려고 사람을 찾아 그에게 일을 맡기신다고 확신합니다. 저를 하나님께 불려 지게 하시옵소서.

예수님의 이름으로 기도합니다. 아멘

하나님 아버지,
"한 사람도 나가지 못하게 하고 죽이라 하매"라고 하시니 감사합니다. 하나님께 충성스런 예후에게 하나님의 심판을 맡기신 줄로 믿습니다. 예후가 바알 숭배자들을 모두 산당으로 모이게 하고, 그들이 제사를 마치기까지 기다렸다가 죽였음을 생각합니다.
이스라엘에서 바알 숭배자들을 심판하시는 하나님을 봅니다. 하나님께서 이 일을 위해 예후에게 충성스런 80 명의 호위병을 배치해 주셨습니다. 그리고 지휘관들이 충성하게 하여 하나님의 일에 돕도록 하셨습니다.
하나님의 심판을 대행하는 자로서 예후는 조금의 주저함이나 흔들림이 없이 수행하였습니다.
"한 사람도 나가지 못하게 하고 죽이라." 하나님의 심판이라고 깨닫습니다. 이스라엘 백성의 출애굽에서도 그리하셨지요. 이스라엘 백성에게 정복하는 곳의 모든 사람을 죽이라고 하셨습니다.
하나님께서 심판의 칼을 뽑으시면, 죄악에 빠진 자들을 전멸시키신다는 것을 확인합니다. 이 심판은 하나님께서 조금의 불의도 용납 될 수 없다는 공의의 속성으로 말미암는다고 생각합니다.
예후의 칼을 사용하신 하나님께서 저에게도 심판을 내리심에 주목하게 하시옵소서.

예수님의 이름으로 기도합니다. 아멘

11:20 온 백성이 즐거워하고 온 성이 평온하더라
아달랴를 무리가 왕궁에서 칼로 죽였더라

하나님 아버지,

"즐거워하고, 평온하더라."라고 하시니 감사합니다. 하나님께서 제사장 여호야다에게 혁명을 일으키게 하여 아달랴를 죽이신 줄로 믿습니다. 그녀의 죽이심으로 유다를 평온하게 하신 하나님이십니다.

아달랴는 다윗의 혈통도 아니며, 음녀 이세벨의 딸로서 유다 왕국에 대한 하나님의 계획이 멈추어졌다고 깨닫습니다.

그녀가 유다를 다스리던 6년은 암흑기의 시대였다고 생각합니다.

유다에 대하여 오래 기다리시던 하나님께서 7년째 해에 왕자 요아스를 왕으로 세우셨습니다. 여호야다가 백부장들을 성전에서 따로 모아 그에게 약속하도록 하고, 유다의 왕조를 바로 잡게 하셨지요.

오늘, 하나님의 시간과 하나님의 일하심에 대하여 깨닫게 하시옵소서. 유다의 암흑기를 오래 가도록 하지 않으시고, 하나님의 시간에 다윗의 혈통으로 왕위를 잇게 하셨습니다.

드디어 평온해진 유다 사람들, 하나님은 계시지 않으신 것 같았지만 요아스가 왕이 되기를 기다리셨습니다. 저에게도 비록 앞이 캄캄한 것 같을지라도 절망하지 않고, 하나님을 기다리게 하시옵소서.

예수님의 이름으로 기도합니다. 아멘

하나님 아버지,
"그를 교훈하는 모든 날 동안에는"라고 하시니 감사합니다. 여호야다가 어린 임금을 가르치고, 권면을 받는 동안에 요아스는 하나님께 영광을 드린 줄로 믿습니다.
요아스는 그의 나이 일곱 살에 왕이 되어서 자연히 여호야다의 조언을 많이 따랐을 거라고 생각합니다. 그리하여 요아스는 유다 왕위에 올랐던 초기에는 무너져 있던 하나님의 성전을 수리하는 등 하나님의 거룩하심을 회복하였지요.
아달랴에 의해서 황폐하게 된 하나님에의 신앙을 회복하게 되었고, 우상숭배로 더러워진 유다인의 죄악을 척결하였다고 깨닫습니다.
오늘, 하나님은 유다의 하나님이셨음을 깨닫습니다. 그리하여 유다 백성을 하나님께로 돌아오도록 하였고, 그 땅을 하나님께로 돌려드렸다고 확신합니다. 하나님께서 유다를 지켜 주신 은혜라고 봅니다.
여호야다가 살아있는 동안의 은혜였지요. 여호야다가 죽은 이후에, 요아스가 하나님께 떠나 죄악을 저질렀다는 사실에 안타깝습니다. 하나님께서도 그를 심판하시어, 신복들의 배신으로 죽임을 당하게 하셨지요.
저는 어떻습니까? 하나님께 진노의 심판을 받는 대상이 되지 않도록 하나님께로 붙들려지게 하시옵소서.

예수님의 이름으로 기도합니다. 아멘

13:17(하) 이는 여호와를 위한 구원의 화살 곧 아람에 대한 구원의 화살이니 왕이 아람 사람을 멸절하도록 아벡에서 치리이다 하니라

하나님 아버지,
"여호와를 위한 구원의 화살"이라고 하시니 감사합니다. 요아스가 아람 사람을 진멸하게 되리라는 하나님의 계획을 알려 주신 줄로 믿습니다. 요아스도 역시 금송아지 숭배에서 떠나지 않아 여호와 보시기에 악을 행하였다고 생각합니다.
그가 엘리사가 병들어 문안 왔을 때, 엘리사는 그에게 예언적인 행동을 하도록 하였습니다. 요아스가 쏜 화살에 대하여 여호와의 구원의 화살이라고 했습니다.
엘리사가 땅을 치라고 했을 때, 요아스는 세 번을 쳤습니다. 이에, 엘리사는 서운함과 분노로 왜 세 번만 쳤느냐 하면서, 이제 이스라엘이 아람을 세 번만 이긴다고 했습니다.
요아스는 엘리사의 말에 큰 기대를 갖지 않아서 그리했다고 생각됩니다. 오늘, 저는 어떠합니까? 제가 성경을 읽을 때, 진실로 믿음으로 받으며 읽는지요.
저에게 주시는 하나님의 말씀으로 받고, 그대로 순종을 하는지요? 순종이 없이 읽고 그칠 때가 많습니다. 용서해 주시옵소서.
성경을 읽을 때, 저에 대한 약속해 주시는 구원의 말씀으로 받게 하시옵소서. 그 말씀에 순종해서 언약을 성취시키시는 것을 보게 하시옵소서.

예수님의 이름으로 기도합니다. 아멘

하나님 아버지,
"나라가 그의 손에 굳게 서매"라고 하시니 감사합니다. 아마샤에게 통치권이 확립되었고, 하나님의 은혜로 유다의 국력이 신장된 줄로 믿습니다. 하나님께서 그를 지켜 주셨기 때문이었지요.
사실, 유다는 아하시야와 악녀 아달랴의 집권, 아람 왕 하사엘의 공격 등으로 약해질 대로 약해져 있었습니다. 아마샤는 여호와 보시기에 정직히 행하기는 하였으나 온전한 마음으로 행치 아니하였다고 깨닫습니다. 그렇지만 하나님께서 유다가 망하지 않도록 붙들어 주시고, 에돔과 싸웠을 때, 크게 이기도록 하셨습니다.
전쟁에서 승리는 유다와 아마샤 왕에게 '굳게 서는' 기회를 갖게 했다고 봅니다. 비록, 아마샤가 하나님께 온전하지는 못했지만 그가 여호와 앞에서 정직하였다는 것을 저의 것으로 삼으려 합니다.
하나님의 지켜주심과 도와주심이 저에게서 떠나지 않는 동안에, 저는 세워질 수 있다고 확신합니다. 저에게도 세워지는 기회를 주시리라 확신합니다.
하나님께서 주실 기회를 바르게 포착하기를 원합니다. 저의 인생을 굳게 하도록 해 주시옵소서. 제가 해야만 될 일들이 하나님께서 저의 손으로 굳게 되어 지게 하실 줄로 믿습니다.

예수님의 이름으로 기도합니다. 아멘

하나님 아버지,

"나병환자가 되어 별궁에 거하고"라고 하셨음을 생각합니다. 하나님의 진노가 임하여 아사랴는 왕이었으면서도 사람들과 떨어져야 했고, 하나님과도 단절된 줄로 믿습니다. 그의 나병은 죄의 대가로 내려진 하나님의 벌이었음을 깨닫습니다.

"여호와께서 왕을 치셨으므로"라고 했습니다. 하나님의 도우심으로 이방과의 전쟁에서 승리를 거둬 영토를 얻게 되었는데, 하나님께 감사하지 않고, 제 힘으로 이루었다고 으스대며 백성이 그를 두려워하게 했지요.

저를 돌아봅니다. 지금, 저의 모습이 하나님께 어떠한지요? 아사랴는 그 교만함으로 하나님의 질서에도 도전을 했지요. 대제사장의 권한을 침범하였으니 하나님께서 내버려 두지 않으셨음을 확인합니다.

오늘, 자신이 위대하다 하여도 하나님 앞에서 교만하면 거꾸러지고 만다는 것을 깨닫습니다. 왕이 하나님께 벌을 받게 되자, 별궁으로 쫓겨나야 하였고, 굴욕의 시간으로 지내야 했던 사실을 생각합니다.

그것이 바로 하나님의 저주였습니다. 제가 하나님께 진노의 대상이 되지 않도록 늘 자신에게 주의하게 하시옵소서. 겸손히 엎드리게 하시옵소서.

예수님의 이름으로 기도합니다. 아멘

하나님 아버지,
"은금을 내어다가 앗수르 왕에게 예물로"라고 하셨음을 생각합니다. 아하스가 하나님의 것을 뇌물로 사용한 불순종이었다고 믿습니다.
여호와의 전에 있는 은금은 유다의 열왕들이 주변 국가를 정복한 후에, 승전의 기념으로 하나님께 바쳤던 헌물들과 백성들이 낸 헌물이었습니다. 왕궁 곳간에 있는 은금은 주로 백성의 세금을 거두어들인 것이지요.
아하스는 하나님의 것으로 하나님께서 미워하시는 짓을 했다고 깨닫습니다. 그는 예물로 보냈지만 사실은 뇌물이었잖습니까?
아람과 이스라엘이 동맹을 맺어 예루살렘을 공격했을 때, 아하스는 하나님을 찾아야 했다고 깨닫습니다.
오늘, 저는 어떠한 지 보게 하시옵소서. 위급한 상황에 처해질 때, 저도 당장 피해보려고 불신앙적인 행동을 하지는 않는지요? 하나님의 진노를 사지 않게 하시옵소서.
지금, 제게 있는 것도 사실, 저의 것이 아니고 하나님의 것임에, 청지기로서 바르게 행동하기를 원합니다. 저의 유익을 위해서 하나님의 것을 죄악 된 행동에 사용하지 않게 하시옵소서.

예수님의 이름으로 기도합니다. 아멘

17:14 그들이 듣지 아니하고 그들의 목을 곧게 하기를 그들의 하나님 여호와를 믿지 아니하던 그들 조상들의 목 같이 하여

하나님 아버지,
"그들의 목을 곧게 하기를"이라고 하셨음을 생각합니다. 하나님의 뜻에 대해 불순종을 나무라신 줄로 믿습니다. 그 불순종은 광야교회 시대 때부터 계속되었지요.
- 하나님을 향하여 바로 서기를 거부하였습니다.
- 하나님께서 금지하신 우상 숭배의 죄악을 계속하였습니다.
이에, 하나님께서는 선지자와 선견지들을 보내, 그들에게 악한 길에서 떠나라고 촉구하셨건만 그들은 듣지 않았습니다. 죄악의 길에서 돌아서라는 하나님의 말씀에 등을 돌리고 우상 숭배를 버리지 않았지요.
"그들의 목을 곧게 하기를." 그들이 하나님을 대적했다는 증거였다고 깨달으면서 오늘, 저에 대한 지적이라고 받습니다. 오늘도 하나님께서는 돌아서라고 하시는데, 저 자신을 봅니다.
사실, 저도 뻣뻣하지요. 하나님의 말씀을 듣되, 선택해서 듣는 저 아닙니까? 용서해 주시옵소서. 하나님의 말씀에 반응을 하는 것 같지만 저를 위해서 말씀을 고르고 있습니다. 여전히 신앙의 중심은 저였습니다.
'하나님께서 말씀하신다!' 그렇습니다. 하나님께서 말씀하실 때, 단 마음으로 받게 하시옵소서. 그 말씀을 전해 받을 때, 청종하게 하시옵소서.

예수님의 이름으로 기도합니다. 아멘

하나님 아버지,
"곧 그가 여호와께 연합하여"라고 하시니 감사합니다. 하나님께서 히스기야에게 하나님을 사랑하고, 말씀에 순종하도록 이끌어 주신 줄로 믿습니다.
히스기야의 여호와를 향한 정열이 처음부터 끝까지 같았음에 감격합니다. 하나님께 순종하도록 인도해 주셨다고 믿습니다.
하나님을 사랑함에 변함이 없었고, 하나님의 말씀에 순종함에 진심을 보였으니 그에게 존경하는 마음을 갖습니다.
하나님의 히스기야를 인도하심과 그가 하나님을 사랑하여 순종함에서 맺어진 것이라고 깨닫습니다.
오늘, "그에게서 떠나지 아니하고."라는 문장에 눈을 크게 뜹니다. 히스기야는 복을 받았다고 생각합니다. 하나님께서 그에게 하나님과 연합하도록 강권해 주신 결과라고 여깁니다.
제가 하나님을 사랑하겠노라 결단을 했다고 해서 또는 하나님과 동행하겠다는 의지를 가졌다고 해서 하나님에게서 떠나지 않을까요? 하나님께서 저에게 강권적으로 이끌어 주심의 은혜라고 생각합니다.
그러므로 저의 간구에 대하여 배웁니다. 주님께서 저를 떠나지 않으시고, 함께 해 주시기를 빕니다. 하나님께 순종하게 하시옵소서.

예수님의 이름으로 기도합니다. 아멘

19:14 히스기야가 사자의 손에서 편지를 받아보고 여호와의 성전에 올라가서 히스기야가 그 편지를 여호와 앞에 펴 놓고

하나님 아버지,
"그 편지를 여호와 앞에 펴 놓고"라고 하시니 감사합니다. 앗수르 왕의 위협을 하나님께 내어 맡기는 고백인 줄로 믿습니다. 산헤립의 편지를 들고 먼저, 하나님께로 나아간 그의 겸손을 깨닫습니다.
히스기야가 왕으로서 신하들과 머리를 맞대어 논의를 하기 전에, 하나님을 찾았다는 것에 감격합니다. 그는 산헤립의 편지에 앗수르가 두려워서가 아니라 하나님께 자기 자신을 드렸다는 감동을 받습니다. 사실, 이 사건은 하나님도 알고 계신 것이었지요.
그 기도에서 히스기야는 하나님의 의로우신 심판에 호소했음을 깨닫습니다. 왕으로서 그가 해야 될 첫째 일이었지요.
"여호와 앞에 펴 놓고." 오늘, 제가 배워야 될 거룩함이라고 여깁니다. 하나님께 펴 놓지 않고, 저의 생각으로 처리하는 것들이 얼마나 많습니까? 제가 곤경에 처해지면 하나님은 도와주실 뿐으로만 여기는 저의 교만을 깨닫게 합니다.
이미, 저의 모든 것을 알고 계신 하나님이십니다. 하나님 앞에서 지내게 하시옵소서.
하나님께 조아려 여쭙게 하시옵소서. 하나님께서 하실 것을 기다리게 하시옵소서.

예수님의 이름으로 기도합니다. 아멘

하나님 아버지,
"주께서 보시기에 선하게 행한 것을 기억하옵소서."라고 하시니 감사합니다. 하나님께서 은혜를 내려 주셔서 자신이 선하게 행할 수 있었다는 고백인 줄로 믿습니다. 그 고백은 감사였다고 깨닫습니다.
사람 히스기야가 하나님 앞에서 완전할 수 있습니까? 그도 자신을 잘 알고 있었기 때문에, 하나님의 은혜를 기억했다고 생각합니다. 성전에 올라가지 못하지만 벽을 바라보고 하나님께 엎드렸으니 그것도 은혜였지요.
당시에는 사람의 수명을 하나님의 복과 연결해서 의인은 장수한다고 하였는데, 죽음의 선고가 충격이었을 겁니다. 그래서 심히 통곡했겠지요.
히스기야를 세워 주신 하나님께 찬양과 영광을 드립니다. 오늘, 그의 고백적인 간구에서 삶의 원칙을 배우고, 저도 그러하기를 원합니다.
- 하나님 앞에서 진실로 살아가게 하시옵소서.
- 하나님 앞에서 전심으로 살아가게 하시옵소서.
이것은 제가 원하고, 바란다 해서 되지 않고, 오직 하나님께서 은혜를 주셔야 한다고 깨닫습니다.
하나님께서 저에게 베풀어주신 것들을 기억하게 하시옵소서. 그리고 그렇게 지내기를 다시 결단하게 하시옵소서.

예수님의 이름으로 기도합니다. 아멘

21:12 그러므로 이스라엘의 하나님 여호와가 말하노니 내가 이제 예루살렘과 유다에 재앙을 내리리니 듣는 자마다 두 귀가 울리리라

하나님 아버지,

"듣는 자마다 두 귀가 울리리라."라고 하셨음을 생각합니다. 하나님께서 진노하셔서 심판을 내리시는데, 공포와 전율로 인해 귀가 멍멍할 정도가 될 것이라는 뜻인 줄로 믿습니다.

유다의 왕이 된 므낫세는 그의 아버지 히스기야를 따르지 않고, 하나님께 악하였습니다. 그는 이방 사람의 산당을 세웠으며, 바알과 아세라 단을 쌓았고 일월성신을 숭배하였습니다.

므낫세가 악을 행하고 하나님의 노를 격발하였다고 깨닫습니다. 이에, 하나님께서 예루살렘과 유다에 재앙을 내리셨다고 생각합니다.

"두 귀가 울리리라." 공포에 질리는 표현이라고 봅니다. 오늘, 하나님의 말씀 앞에서 두려워하게 하시옵소서. 하나님께서 저에게 진노하시면 지금까지 들어본 일이 없는 무서운 심판이 될 것이라고 여깁니다.

사실, 제가 하나님께 어떻게 지내고 있습니까? 하나님의 말씀을 전심으로 받아들이지 않고, 저의 편리에 따라 지내고 있지 않습니까? 므낫세에 대하여 기다리시다가 진노하시듯이, 저에게도 기다리시다가 진노하실까 두려워하게 하시옵소서.

예수님의 이름으로 기도합니다. 아멘

하나님 아버지,
"여호와께서 우리에게 내리신 진노가 크도다."라고 하셨음을 생각합니다. 요시아의 말은 하나님께서 유다에 내리신 진노가 큰 것을 알기 때문에 아울러 은혜를 구하라는 의미였다고 깨닫습니다.
율법을 잊고 지냈던 유다를 생각할 때, 요시야는 회개하지 않을 수 없었다고 확인합니다. 하나님의 말씀이 죄악을 고발해 주니까요.
- 하나님의 심판이 내려져 유다가 멸망하게 된다.
- 요시아가 애통하여 회개하니 재앙을 그의 시대에는 내리지 않겠다.

하나님께서 여 선지자를 통해서 요시아에게 대답해 주셨습니다.
오늘, 하나님께 여쭙는 것으로 한 날을 시작하게 하시옵소서. 하나님께 민감하지 않으면서 천국 백성으로 지낼 수는 없겠지요. 그것은 이름만이 천국 백성이지, 실제는 저 자신의 마음이나 뜻대로 지내는 것일 겁니다.
저에게 성경을 가까이 하여 읽게 하시고, 그 말씀에서 저의 죄악 된 행실을 보게 하여 주시옵소서. 그리하여 죄를 애통하게 하시옵소서. 상한 마음을 주셔서 회개하게 하시옵소서. 저의 심령에 죄의 찌꺼기가 남지 않도록 회개하게 하시옵소서.

예수님의 이름으로 기도합니다. 아멘

23:3(하) 이 책에 기록된 이 언약의 말씀을 이루게 하리라 하매 백성이 다 그 언약을 따르기로 하니라

하나님 아버지,
"백성이 다 그 언약을 따르기로 하니라."라고 하시니 감사합니다. 하나님께서 요시야에게 마음과 힘과 성품을 다하여 하나님을 사랑하며 그의 계명을 지킬 것을 결단하도록 한 줄로 믿습니다.
유대의 종교개혁을 시작하면서 왕 자신이 먼저 개혁에 앞장섰음을 깨닫습니다.
그가 백성들 앞에서 언약책의 말씀을 읽어 그들에게 들리게 하고, "기록된 이 언약의 말씀을 이루게 하리라.'고 선포하게 하시니 감격합니다. 왕과 유대의 백성이 하나님께 서약을 하는 느낌을 받습니다.
이 거룩한 시간에 왕이 먼저 결단을 하게 하시고, 백성이 따르도록 하신 하나님을 생각합니다.
오늘, 저의 심령을 향해서 명령하게 하시옵소서: "언약의 말씀을 이루게 하리라." 그렇습니다. 제가 이 땅에서 살아가는 시간은 하나님의 말씀에 순종하는 것이 되게 하시옵소서. 언약해 주신 말씀을 이루고자 전심을 바침이 되게 하시옵소서.
마음을 다하고 성품을 다하여 여호와를 순종하게 하시옵소서. 계명과 법도와 율례를 지킬 것을 결단하고 따르게 하시옵소서.
이로써, 매일, 매일의 삶이 언약의 말씀을 이루게 하시옵소서.

예수님의 이름으로 기도합니다. 아멘

하나님 아버지,
"바벨론 왕에게 나아가매 왕이 잡으니"라고 하셨음을 생각합니다. 여호야긴 왕이 하나님을 의지하지 않고, 바벨론이 왕과 타협을 하려 했던 결과라고 깨닫습니다.
바벨론의 왕이 예루살렘을 치려고 공격해 왔을 때, 유다의 왕 여호야긴이 그에게 항복하러 나갔지요. 그런데 궁금합니다. 여호야긴 왕은 왜 하나님을 찾지 않았을까요? 그도 유다는 하나님의 왕국이라는 것을 알고 있었을 겁니다. 그는 하나님을 의지하려 하지 않고, 느부갓네살에게 선처를 바라고 항복하러 갔을 겁니다.
오늘, 여호야긴이 자기의 어머니와 아내들, 종들과 내시들이 동행했는데, 포악했던 느부갓네살이 그들을 모조리 잡아가버렸다는 것에 주목합니다.
그는 유다에 소망이 될 수가 없었습니다. 그럼에도 유다를 멸망시키려 하는 자를 찾아갔던 여호야긴 왕의 잘못이었지요.
여호야긴과 유다가 사는 길은 하나님께 있었다고 확신합니다.
그는 하나님을 찾아야 했다고 깨닫습니다. 그리고 그의 어머니와 아내들, 종들과 내시들은 하나님께 엎드려야 했다고 봅니다. 살 길은 하나님께 있음을 깨닫습니다.

예수님의 이름으로 기도합니다. 아멘

하나님 아버지,
"여호와의 성전과 왕궁을 불사르고"라고 하셨음을 생각합니다. 하나님께서 바벨론을 사용하여 유다를 심판하신 줄로 믿습니다. 하나님의 성전과 왕국, 백성의 집을 불사르신 심판을 생각해 봅니다.
여호와의 성전은 하나님께서 지으신 것이었지요. 임금의 궁궐이 지어졌습니다. 하나님의 집과 임금의 집이 지어짐으로써 유다는 하나님의 왕국이라는 면모를 갖추었다고 생각합니다.
하나님의 왕국이 느부갓네살의 예루살렘 침공으로 불살라졌다는 것은 유다에 하나님의 진노가 임하였다는 것을 깨닫습니다.
- 이스라엘을 물리친 것같이 유다도 내 앞에서 물리치며
- 내 이름을 거기 두리라 한 이 전을 버리리라
하나님께서 자신의 땅, 자기 백성을 심판하신 것이지요.(대하 23:27) 유다의 심판에 대한 예언의 성취였다는 것을 확인합니다.
출애굽 때부터 주의를 주셨건만 이스라엘 백성이 우상숭배에서 떠나지 않고, 계명과 율례를 지키지 않아 심판이 임하게 된 것이지요. 이제, 성전의 파괴에서 주님께서 육체로 이루실 성전을 바라보게 하시옵소서.

예수님의 이름으로 기도합니다. 아멘

하나님 아버지,
셈의 자손, 곧 아브라함의 족보에 대하여 보게 하시니 감사합니다. 족보의 기록을 통해서 나는 누구인가, 나는 어떻게 살아야 하는지를 확인하게 하시는 줄로 믿습니다.
셈의 자손에서 아브라함이 나오고 그의 족보에서 예수님이 오셨음을 깨닫습니다. 하나님께서 선택하신 가계에 의해서 하나님의 언약이 성취되었다는 거룩한 사실에 감격합니다.
셈에게 자손을 많이 주시고, 그의 아들 아르박삿의 후손에서 아브라함을 이으셨고, 그의 후손에서 다윗에게로 그리고 요셉에 이르러 메시야 예수님을 세상에 보내셨음을 생각합니다.
오늘, 족보를 통해서 하나님의 섭리와 계획을 배웁니다. 한 사람을 선택하시고, 한 가문에 계획을 갖고 계시며, 그 계획을 성취하시는 하나님을 깨닫습니다.
저에게 복음을 듣게 하시고, 예수님을 구주로 영접하도록 하셨으며 아브라함의 자손에 들게 하셨음에 감격합니다.
셈의 족보를 거룩하게 하셨던 것처럼 저의 족보도 그러하기를 원합니다. 하나님께 구별이 되어서 하나님의 가문으로 이어가게 하시옵소서.

예수님의 이름으로 기도합니다. 아멘

2:3(하) 유다의 맏아들 에르는 여호와 보시기에 악하였으므로 여호와께서 죽이셨고

하나님 아버지,

"에르는, 여호와께서 죽이셨고"라고 하셨음을 생각해 봅니다. 여호와 보시기에 악하였으므로 하나님께서 그를 심판하셨다고 믿습니다. 참으로 안타까운 사건이지만 여기에서 하나님의 음성을 듣습니다.

유다가 누구인가요? 그의 이름은 '여호와를 찬송하리로다.'라고 알고 있습니다. 유다의 족보에서 메시야의 출현을 약속되었습니다.

그의 맏아들인 에르가 하나님께 악하였다는 것을 어떻게 받아들여야 할까요? 그런데 에르뿐만 아니라 그의 동생 오난도 역시 하나님께 악하여 악하므로 여호와께서 죽이셨다고 하셨습니다.

오늘, 메시야의 조상으로 구별되었던 유다, 그의 자손이 하나님의 심판을 받았다는 것에서 깨달음을 갖게 하시옵소서. 사람들은 몰랐어도 에르와 오난은 하나님께 숨기지 못할 죄를 지어서 심판을 받았다고 깨닫습니다.

'메시야의 조상' 족보의 가문에서 하나님께 심판을 받는 사건이 일어났으니, 저 자신을 돌아보게 하시옵소서.

저는 물론이려니와 저의 후손에게서 여호와 보시기에 악한 자가 일어나지 않게 하시옵소서. 양육하라고 주신 자녀가 죄를 짓지 않도록 하시옵소서.

예수님의 이름으로 기도합니다. 아멘

하나님 아버지,
"다 다윗의 아들이요"라고 하시니 감사합니다. 의인에게 복을 주셔서 자손이 많게 하신 줄로 믿습니다. 다윗도 하나님 앞에서 고백하기를, "자식들은 여호와의 기업이요"라고 했다고 깨닫습니다.
정녕 의인의 자손은 하나님께서 영광이라고 여깁니다. 다윗의 가계를 구별하시고, 그의 후손에 의해 메시야의 오심을 약속하셨으니 다윗과 그의 가문을 영화롭게 해 주셨습니다.
오늘, 신령한 의미로 볼 때, 저를 아브라함의 후손으로 여겨 주시고, 다윗의 아들로 삼아주셨다고 믿습니다. '다윗의 길을 따르며' 지내게 하시옵소서.
하나님의 영광을 구했던 다윗의 삶을 저의 것으로 삼게 하시옵소서.
다윗의 별을 기뻐합니다. 다윗의 별을 사랑합니다. 다윗에게 왕국을 세워주셨던 하나님의 계획에 저도 동참하기를 원합니다. 저의 삶에서 다윗의 왕국을 세워가게 하시옵소서.
저와 저의 집안에서도 의인의 자손이 번성하게 될 비전을 바라보게 하시옵소서. 가정을 하나님께 성소로 구별해서 드려서 교회로 세워지는 경험을 누리게 하시옵소서. 저의 집은 하나님의 왕국입니다.

예수님의 이름으로 기도합니다. 아멘

하나님 아버지,
"야베스가 이스라엘 하나님께 아뢰어"라고 하시니 감사합니다. 그가, 하나님께 기도를 하게 하셨음에 은혜를 발견합니다. 야베스의 인생은 태어날 때부터 슬펐다고 생각합니다. 그래서 그에게 수고로이 낳았다는 의미로 야베스라 했다고 깨닫습니다.
하나님의 영이 이스라엘의 하나님께 부르짖게 하신 줄로 믿습니다. 자기 백성을 결코 잊지 않으시는 하나님이십니다. 언약하신 말씀을 자기 백성에게 지키시는 하나님이십니다.
오늘, 하나님을 향해서 저만이 고백을 갖게 하시옵소서. 저에게도 하나님은 '이스라엘의 하나님'이 되어 주셨음을 믿습니다.
'아뢰어 이르되.' 이 문장을 저의 것으로 삼습니다. 누가 하나님께 아뢰겠습니까?
제가 하루, 하루를 살아가야 하는 삶이 비록 고달프고 어려울지라도 하나님께 아뢸 수 있음이 저에게 소망이라 깨닫습니다. 하나님께 아뢸 수 있음이 복이라 여깁니다.
하나님을 향할 때, 근심과 걱정에서 벗어나게 해 주실 것을 믿습니다. 괴로움이 끊임이 없다 할지라도 하나님께 아뢰게 하시옵소서.

예수님의 이름으로 기도합니다. 아멘

하나님 아버지,
"하나님께 의뢰하고 부르짖으므로"라고 하시니 감사합니다. 하나님께서 르우벤, 갓, 므낫세 반 지파에게 하갈 사람들과의 싸움에서 이기게 하시려고 연합군이 되게 하신 줄로 믿습니다.
이들이 가졌던 자세는 과연 하나님의 선물이었다고 생각합니다.
- 세 지파의 군사들이 한 뜻으로 연합하게 하셨습니다.
- 간절한 마음으로 하나님을 찾아 기도하게 하였습니다.
- 전적으로 하나님을 의지하며 싸우게 하였습니다.
이 싸움에서 크게 승리를 거두어 적군을 죽이고, 포로로 잡았으며, 가축을 전리품으로 빼앗게 하셨습니다.
승리가 전쟁에서만 획득될 수 있겠습니까? 오늘, 저의 삶에서도 하나님께서 도와주시는 역사를 보여 주시옵소서.
인생의 승리는 하나님의 도우심에 있음을 새롭게 깨닫고 감격합니다.
삶의 현장도 싸움이라 할 때, 하나님께로 나아가, "의뢰하고 부르짖게" 하시옵소서. 하나님을 의뢰하지 않으면서 부르짖기만 하는 기도가 되지 않기를 원합니다.
하나님께서 응답하시는 삶이 되게 하시옵소서. 자신을 의지하지 않고, 오직 하나님을 의지하게 하시옵소서.

예수님의 이름으로 기도합니다. 아멘

6:15 여호와께서 느부갓네살의 손으로 유다와 예루살렘 백성을 옮기실 때에 여호사닥도 가니라

하나님 아버지,

"여호와께서 느부갓네살의 손으로"라고 하신 것을 생각합니다. 하나님께서 사용하시는 심판의 도구가 되어 하나님의 백성이 포로로 끌려갔다고 생각합니다.

이스라엘과 유다가 바벨론의 침공으로 무너지고, 하나님의 왕국-하나님의 도성이 그들이 던진 불에 불탔습니다. 아름다웠던 예루살렘 성읍은 불에 타서 사라지고, 연기가 자욱했을 뿐입니다.

'여호와께서 느부갓네살의 손으로.' 이 표현에 은혜를 받습니다. 과연, 바벨론이 누구도 대항할 수 없는 큰 나라라서 이스라엘과 유다가 공격을 받아 멸망하였을까요? 하나님께서 하셨습니다.

하나님께서 이스라엘과 유다를 심판하시는데, 바벨론을 사용하셨다고 믿습니다. 그들은 하나님께 사랑을 받는 백성이며, 하나님께서 지키시는 나라였지만 바벨론에 내어주신 것이라고 깨닫습니다. 오래 참으셨으나 하나님의 시간에 무너지도록 하셨습니다.

오늘, 하나님의 오래 참으셨음을 기억합니다. 지금, 저에 대하여서도 하나님의 참으심을 확인합니다.

저 자신을 돌아보도록 회개의 영을 부어 주시옵소서. 하나님께로 돌아가게 하시옵소서.

예수님의 이름으로 기도합니다. 아멘

하나님 아버지,
"여디아엘의 아들들을 큰 용사로 세워주시니" 감사합니다. 큰 용사로 말미암아 집안을 보호하시는 하나님의 사랑인 줄로 믿습니다. 베냐민의 집안에 '큰 용사'가 있도록 하신 하나님께 찬양과 영광을 드립니다. 그들을 두어서 집안을 지키도록 하시고, 외부로부터의 공격을 물리치도록 하셨다고 깨닫습니다.

- 자기 집안에 있는 이들을 보호하고 그들이 안전하도록 지켰습니다.
- 외부의 적이 침략해 들어오지 못하도록 방어했습니다.

베냐민 지파에서 사사로 부름을 받았던 에훗을 생각합니다. 에훗이 큰 용사로 사사의 사명을 감당하게 하셨음에 감격합니다.
오늘, 하나님 앞에서 저 자신과 저에게 맡겨 주시는 일을 섬기기 위하여 '큰 용사'에 대한 비전을 품습니다. 저 자신을 향해서 큰 용사가 되게 하시옵소서.
그리하여 저의 신앙을 지키게 하시옵소서. 나아가 저와 한 몸이 된 지체의 신앙을 지켜 주기 위해서 큰 용사로 세워 주시옵소서. 이로써 교회에 유익을 끼치게 하시옵소서. 지체를 신앙으로 붙들어 주도록 하시옵소서. 교회 공동체를 외부의 위험으로부터 지켜내게 하시옵소서.

예수님의 이름으로 기도합니다. 아멘

8:13 또 브리아와 세마이니 그들은 아얄론 주민의 우두머리가 되어 그들이 가드 주민을 쫓아냈더라

하나님 아버지,
"그들이 가드 주민을 쫓아냈더라."라고 하시니 감사합니다. 옛적에 에브라임 지파가 공략하다가 크게 패하였는데, 지금, 설욕을 하도록 물리치게 하신 줄로 믿습니다.
견고한 요새였던 가드를 물리치게 하시니 감격합니다.
여호수아가 가나안 땅을 정복할 때, 온 유다에서 아낙 사람들을 물리쳤는데, 가사와 가드, 아스돗에서만 남겨 두게 되었지요.
가드의 주민은 이스라엘 백성에게 겨룰만한 상대가 아니었다고 봅니다. 그들은 대단히 강성한 자들로 이스라엘 백성에게는 늘 위협의 대상이 되었다고 사무엘서에서 전해줍니다.
오늘, 브리아와 세마의 헌신으로 그들을 물리쳐 주신 하나님께 감사합니다. 지난날에, 그들에게 당한 이스라엘 백성의 울분이 브리아와 세마에 의해서 설욕되는 기쁨을 주셨습니다.
브리아와 세마의 희생으로 보여 진 동족에의 사랑을 생각하게 하십니다.
오래 전에, 저의 모습은 저 자신을 위하며 사는 것이었습니다. 그런데 주님께서 보여 주신 사랑으로 지체를 섬기며 살아가기를 즐겁게 하셨습니다. 교회 안에서 더불어 지낼 것을 결단하게 하시옵소서.

예수님의 이름으로 기도합니다. 아멘

하나님 아버지,

"성전 주위에서 밤을 지내며 아침마다 문을 여는 책임이"라고 하시니 감사합니다. 하나님께 택함을 입어 문지기가 되어 성전의 문을 열고 닫는 중요한 일을 맡은 영광인 줄로 믿습니다.

성전을 지키는 문지기의 일은 레위인에게 주어졌던 특권이요 임무였음에 감격합니다. 하나님께서 특별히 선택하여 거룩한 성전을 보존하고 보전하게 하시려고 세우셨다고 확신합니다.

그들은 반열을 좇아 여호와의 전 곧 성막 문을 지켰다고 했습니다. 반열을 좇아 성전 문지기의 일을 감당할 때, 그들에게 기쁨과 감사가 넘쳤겠지요.

오늘, 저에 대하여 생각하고 결단합니다. 하나님의 일은 아무리 그 직분이 힘들고 비천하여도 성령님께서 은사를 따라 선택하시고 강하게 하셔서 사용하심을 믿습니다.

이에, 저에게 맡겨주신 일에, 순종할 때 거룩한 일로 성취된다고 깨닫습니다.

아울러 저 자신이 세속에 물들지 않도록 '충성된 문지기'로서의 사명을 잘 감당하기를 원합니다.

그리스도 예수를 모신 성도의 몸으로서 저 자신이 성전이라는 것을 잊지 않게 하시옵소서.

예수님의 이름으로 기도합니다. 아멘

10:14 여호와께 묻지 아니하였으므로 여호와께서 그를 죽이시고 그 나라를 이새의 아들 다윗에게 넘겨 주셨더라

하나님 아버지,
"여호와께 묻지 아니하였으므로"라고 하신 것을 생각해 봅니다. 사울은 여호와의 말씀을 순종하지 않고, 신뢰하지도 않아 여호와를 따르지도 않은 줄로 믿습니다.
사울은 더 이상 하나님의 편이 아니었고 하나님께서도 더 이상 사울의 편이 아니었다고 여겨집니다. 그의 죽음은 하나님께서 귀중하게 보시는 죽음이 아니라 여호와를 배반했기 때문에 임한 하나님의 심판이었음을 확인합니다.
사울의 신하, 군대, 백성들은 그가 죽자, 그를 버리고 도망갔습니다. 그는 죽음에서도 버림을 받았으니 참으로 비참했습니다.
오늘, 하나님을 구하려 하지 않았던 사울에게서 저를 보게 하시옵소서. 저는 정말로 하나님께 주의하며 그의 뜻을 구하고 있는지요?
제가 전심으로 하나님께 속해 있기를 원합니다.
이 한 날에, 하나님의 마음에 맞는 사람으로 지내게 하시옵소서. 하나님의 뜻을 따르지 않음으로 하나님께로부터 버림의 대상이 되지 않게 하시옵소서.
사울이 신접한 여인에게 가르치기를 원했던 행동을 혹시라도 하지 않도록 자기를 지키게 하시옵소서.

예수님의 이름으로 기도합니다. 아멘

하나님 아버지,
"다윗이 점점 강성하여 가니라."라고 하시니 감사합니다. 하나님의 큰 권능과 위엄이 그에게 함께 하신 줄로 믿습니다. 다윗이 하나님께 충성하니, 그에게 충성스런 신하들이 있게 하여 다윗의 치세를 강성하게 하셨습니다. 여호와닛시!
'만군의 여호와' 곧, 천군천사의 여호와께서 다윗에게 함께 해주셨다는 표현이 감격스럽게 합니다.
- 하나님의 언약에 의해 왕으로 기름부음을 받았습니다.
- 백성들의 지지를 입어 하나님의 왕국을 건설하였습니다.
이 지상에서 살아간 이들 중에, 천군천사의 여호와께서 함께 하신 사람이 다윗 외에 또 누구입니까? 오늘, 저에게 다윗을 이어, 만군의 여호와께서 함께 하신 자로 세워주시옵소서.
누군가 저의 생애에 대하여 기록을 한다면, 하나님의 큰 권능과 위엄이 함께 했다고 쓰게 하시옵소서. 그리하여 하나님께서 영광을 세상에 떨쳤다고 기록하기를 원합니다.
다윗에게 야소보암, 엘르아실 그리고 또 한 사람의 충성스런 신하를 주신 하나님이십니다. 저에게도 하나님께 충성을 다하는 사람을 친구로 주시옵소서. 그들과 함께 하나님께 충성을 다하게 하시옵소서.

예수님의 이름으로 기도합니다. 아멘

하나님 아버지,
"그 때에 사람이 날마다 다윗에게로"라고 하시니 감사합니다. 하나님께서 다윗에게 큰 군대를 이루게 하신 줄로 믿습니다.
하나님은 날마다 용사들을 다윗에게로 보내셨음을 깨닫습니다. 그렇게 하여 다윗의 힘이 필요에 따라 날마다 강성해지니 감격합니다.
이 군대는 바로 하나님의 군대였습니다. 하나님께서 친히 모집하셨고 지휘하시는 군대였으며 하나님의 능력으로 싸우는 군대였습니다. 하나님의 뜻이 세워지면 필요한 모든 힘은 하나님께서 공급하신다는 것을 확신합니다.
오늘, 하나님의 방법에 따라 그 나라를 견고하게 세우시는 것을 확신하면서 영광과 찬미를 올려 드립니다. 그 하나님께 저는 어떻게 하고 있습니까? 이제부터, 여호와께 맡김을 사모합니다.
저의 모든 것을 하나님께 맡길 때 하나님께서 역사하시고 은혜를 베풀어 주심을 믿습니다. 하나님의 군대를 경험하게 하실 것입니다. 하나님의 임재를 즐기면서 오늘을 지내게 하시겠지요. 날마다 사람을 붙여 주시고, 저의 일을 이루어 가시게 하심을 기대합니다. 강성하게 해 주실 하나님을 찬양하게 하시옵소서.

예수님의 이름으로 기도합니다. 아멘

하나님 아버지,
"여호와께서 진노하사 치시매"라고 하셨음을 생각합니다. 웃사가 하나님께서 지시하신 방법을 따르지 않고, 경솔하여 죽임을 당하였다고 믿습니다. 일보다도 하나님을 따름이 먼저 인 것을 배웁니다.
웃사에게 70년이라는 기간, 하나님의 법궤를 오랫동안 모셨지만 그는 경솔한 행동을 취했던 것이지요.
이에, 하나님께서 웃사의 행한 일을 보고 화를 내셨다는 것을 확인합니다. 하나님을 섬김에는 하나님께서 지시하신 대로여야 한다는 것을 깨닫게 하십니다.
오늘, 여호와께서 진노하셨다는 표현에 주목하게 하시옵소서. 저는 하나님을 섬김에, 저의 주장대로 하지는 않는지요? 하나님의 말씀보다 저의 경험이 앞서지는 않는지요?
저의 행동이 하나님의 영광을 구하는 것일지라도 하나님께 주의하게 하시옵소서. 섬김의 시간이 오래되어도, 더욱 더 하나님을 거룩하게 섬기기를 원합니다.
하나님께서 주신 계명과 율례, 법도를 존중하게 하시옵소서. 신앙생활을 해온 습관으로 하나님께 나아가지 않게 하시옵소서.

예수님의 이름으로 기도합니다. 아멘

14:10 다윗이 하나님께 물어 이르되 내가 블레셋 사람들을 치러 올라가리이까 주께서 그들을 내 손에 넘기시겠나이까 하니

하나님 아버지,
"다윗이 하나님께 물어 이르되"라고 하시니 감사합니다.
다윗의 하나님 앞에서의 삶의 특징은 하나님께 물음이었다고 믿습니다.
당시에, 곁에서 함께 있었던 아비아달 대제사장이 갖고 있었던 우림과 둠밈으로 하나님의 뜻을 알아보았다고 깨닫습니다.
블레셋 사람들에게는 다윗은 두려운 존재였지요. 다윗이 왕이 되었다는 소식이 전해지자 그들은 다윗의 왕국이 자리를 잡기 전에 이스라엘을 없애려 했었다고 생각합니다. 하나님께서 다윗의 손을 사용하셔서 대적들을 흩어 주셨습니다.
오늘, 저의 환경은 어떠한지요? 예수님께서 유대 땅에 태어나셨을 때, 헤롯이 아기 예수님을 죽이려 했지요.
신앙자로 살기를 원하는 저에게, 제가 믿음의 사람으로 세워지기 전에 사탄은 저를 쓰러뜨리려 합니다. 교회 공동체에서도 성도들을 쓰러뜨리려 사탄이 온갖 수단을 동원해서 방해합니다.
블레셋은 이스라엘을 무너뜨리려 온갖 수단을 다 썼습니다. 이때, 다윗은 하나님께 여쭈었지요.
다윗이 자신의 전술이나 군대의 힘을 의지하지 않고 하나님께 물었던 것을 저의 것으로 삼게 하시옵소서.

예수님의 이름으로 기도합니다. 아멘

하나님 아버지,
"여호와의 궤를 메고 올라가려 하여 몸을 성결하게"라고 하시니 감사합니다. 하나님께서 지시하셨던 방법대로 언약궤를 운반하게 된 줄로 믿습니다.
이에, 제사장들과 레위 사람들이 자신의 몸을 성결하게 했다고 깨닫습니다.
그들은 채로 하나님의 궤를 꿰어 어깨에 메었지요. 하나님께서는 성막의 성물들을 운반할 때에는 그것들을 채에 꿰어서 어깨에 메고 운반하라 하셨습니다.
사람이 하나님의 성물에 손을 댐으로써 부정을 입히는 것을 막도록 하신 것이지요.
오늘, 하나님의 일을 한다 하면서 부정해서는 안 된다는 것을 확인합니다. 언약궤를 옮김에 하나님의 방법을 깨달은 다윗은 제사장들과 레위 사람들에게 몸을 성결케 하고, 옮겼습니다.
하나님의 말씀에 주목하여 그대로 순종하는 삶을 저의 것으로 삼게 하시옵소서. 혹시 어렵고 번거로울지라도 하나님께서 지시하신 대로 따르게 하시옵소서. 저의 편의가 아니라 하나님이 기준이십니다.
하나님의 뜻을 깨달았다면 하나님의 편에 서도록 하시옵소서. 환경이 달라져도 하나님을 중심으로 삼게 하시옵소서.

예수님의 이름으로 기도합니다. 아멘

하나님 아버지,
"그가 행하신 일을 만민 중에 알릴지어다."라고 하시니 감사합니다. 하나님께의 감사는 마음에서 시작되는 줄로 믿습니다. 다윗이 하나님을 생각할 때, 감사로 시작하는 것을 확인합니다.
'그의 이름을 불러 아뢰며'는 곧 하나님의 이름을 선포한다는 의미라고 받습니다. 다윗은 하나님께 대한 감사를 그 은혜를 모든 사람들에게 선포하는 것으로 여겼다고 배웁니다.
실제로, 은혜를 받았음에도 입을 다물고 잠잠히 있는 사람은 감사할 줄 모르는 사람이라고 하겠지요. 온 인류로 하여금 하나님의 권능과 위엄을 바로 깨닫도록 함이 다윗의 감사였습니다.
하나님께의 감사를 인정하기 때문에, 제가 하는 행동은 무엇이었는지요? 저는 저 혼자로 만족하였습니다. 용서해 주시옵소서.
이제, 하나님께의 감사를 행동으로 옮기는 것에 결단하게 하시옵소서. 다윗에게 도전을 받아, 하나님께로부터 받은 은혜를 모든 사람들에게 선포하게 하시옵소서.
제가 감사한다는 증거는 하나님의 이름을 널리 알리는 것이라고 깨닫습니다. 그 이름을 외치게 하시옵소서.

예수님의 이름으로 기도합니다. 아멘

하나님 아버지,
다윗이 여호와께 여쭙기를, "말씀하신 대로 행하사"라고 하니 감사합니다. 다윗이 죽은 후에, 그 아들 중에서 또 왕을 세워 나라를 견고케 하시겠다는 약속이 성취되기를 구한 줄로 믿습니다.
다윗은 자신의 소원을 포기하고, 하나님의 뜻대로 이루어지기를 간구했다고 깨닫습니다. 그의 이러한 간구가 기도라고 여깁니다.
나에게 원함이 있어서 비는 것을 기도라고 하지만 하나님 앞에서의 기도는 자신의 생각을 거절하고, 하나님의 뜻이 이루어지기를 비는 거라고 확신합니다.
오늘, 기도를 배우게 하시니 감사합니다. 기도를 했느냐는 것은 자신을 하나님 앞에서 거절했느냐가 될 겁니다. 하나님의 뜻이 자기에게서 이루어지기를 비는 것이 기도라고 확신합니다.
기도, 그것은 하나님을 구하는 것이라고 깨우쳐 주십니다. 이제까지 저는 부르짖었고, 때로는 목이 쉬기도 했지만 기도가 아니었음을 확인합니다. 그것은 저를 구함이었지 하나님의 뜻을 찾음이 아니었습니다. 용서해 주시옵소서. 저를 거룩하게 하셔서 이제부터는 하나님을 구하는 입술로 드려지게 하시옵소서. 하나님의 나라와 그 뜻을 여쭙게 하시옵소서.

예수님의 이름으로 기도합니다. 아멘

하나님 아버지,
“여호와께서 이기게 하셨더라.”라고 하시니 감사합니다. 다윗의 전쟁에서의 승리는 하나님께서 함께 하셨기 때문인 줄로 믿습니다. 하나님께서 함께 하시면 전쟁에서의 승리를 보장 받는다고 깨닫습니다.
다윗은 왕이 된 이후, 주변의 이방 민족과 끊임없는 전쟁에 나가야 했다고 봅니다. 블레셋 민족, 모압 족속, 소바 왕의 도전, 그리고 다메섹 아람 족 등이 하나님의 왕국에 쳐들어 왔지요.
에돔을 점령한 후에, 다윗은 그곳에 수비대를 두었고, 에돔 사람들이 다 종이 되었습니다.
다윗은 침략하는 이들과 싸우지 않으면 안 되었지요. 그때, 하나님께서 다윗에게 함께 해주셨음을 발견합니다. 하나님께서 그들을 물리쳐 주셨습니다. 하나님께서 싸워 주셨잖아요.
에돔과의 전투에서 이기게 하신 하나님은 에돔에 수비대를 세우도록 하셨습니다. 에돔으로 인한 후환을 미리 예방하기 위한 것이었지요. 하나님께서 다윗과 이스라엘을 위하심이라 여깁니다.
전투에서 이기게 하시는 하나님을 저의 하나님으로 섬기게 하시옵소서. 하나님께서 저와 함께 하시도록 자리를 드리게 하시옵소서.

예수님의 이름으로 기도합니다. 아멘

하나님 아버지,
요압이 말하기를, "너는 힘을 내라, 힘을 내자"라고 하니 감사합니다. 그의 권면에 힘을 낸 요압의 병사들이 연합군과 싸움에 나간 줄로 믿습니다.
이스라엘의 성읍들을 가리켜서 요압이 '하나님의 성읍들'이라고 부른 것에 감격합니다. 요압이 군사들에게 담대히 하자고 권하였던 이 표현은 하나님의 백성의 것이라 깨닫습니다.
요압의 권면에서 보듯이 이스라엘의 모든 기업은 그들에게 주신 하나님의 선물이었다고 확신합니다. 이스라엘의 성읍을 위하여 싸우는 것은 곧 하나님께서 주신 기업을 지키는 거룩한 역사였지요.
오늘, 하나님께서 아람 사람들, 암몬 자손들이 도망가게 하셨음을 새롭게 생각합니다. 하나님의 성읍을 위하여 싸움에 나섰던 요압의 군사들, 바로 저의 모습이어야 한다고 확신합니다.
제가 이 땅에서 지내는 것이 여호와 앞에서 싸움이라고 믿습니다. 저에게 하나님께서 기뻐하시는 의의 편에 서서 하나님을 기쁘시게 하는 삶을 싸우도록 하시옵소서. 하나님은 저의 편이 되어주시고, 제가 어디를 가든지 승리하도록 하실 것을 기다리게 하시옵소서.

예수님의 이름으로 기도합니다. 아멘

20:8 가드의 키 큰 자의 소생이라도 다윗의 손과 그 신하의 손에 다 죽었더라

하나님 아버지,
"다윗의 손과 그 신하의 손에"라고 하니 감사합니다. 다윗에게 블레셋의 거인들을 쳐서 죽이고 항복을 받아내게 하신 줄로 믿습니다. 하나님께서 함께 하셔서 거인들의 장수를 물리치게 하셨습니다.
키가 큰 자의 아들 중에 십 배, 골리앗의 아우 라흐미, 손과 발의 가락이 스물넷인 자를 누가 물리치겠습니까?
하나님께서 다윗의 손과 그 신하의 손에 그들이 죽게 하셨다고 확신합니다.
본디, 블레셋은 키가 크고 몸짓이 좋은 장대한 자의 소생들이 있는 나라였습니다. 그들이 다윗의 군대 앞에서는 이들도 전혀 힘을 쓰지 못하여 죽임을 당하고 말았습니다.
오늘, 다윗의 군대가 블레셋을 이기게 된 비결을 생각해봅니다. 하나님께서 이기게 하시니 작은 자들이 큰 자들을 죽였지요.
이제, 저에게 자신의 용맹을 자랑하는 자들을 두려워하지 않게 하시옵소서. 자랑하는 자는 하나님 앞에서 쓰러집니다.
제가 하나님의 편이 되지 않았음을 두려워하게 하시옵소서. '하나님께서 함께 하시는 사람'이라는 이름표를 달게 하시옵소서.

예수님의 이름으로 기도합니다. 아멘

하나님 아버지,
"주의 백성에게 재앙을 내리지 마옵소서."라고 간구한 것을 생각해 봅니다. 다윗이 회개하기를, 인구 조사의 책임이 자기 자신에게만 있음을 하나님께 고백한 줄로 믿습니다.
다윗은 인구 조사로 말미암아 하나님께 죄가 된 것의 모든 책임이 전적으로 자신에게만 있음을 강조하였다고 생각합니다. 자신의 행위에 대하여 변명을 하려 하지 않았습니다.
다른 사람에게 죄를 전가하려고도 하지 않는 그의 정직함을 발견하게 하시니 감사합니다. 회개가 어떠해야 하는지를 확인합니다.
오늘, 죄악 된 행실의 회개에 대하여 배우기를 원합니다.
- 자신의 죄를 솔직히 고백하는 것
- 그 죄로 말미암아 고난을 받는 자를 위해서 간구하는 것
- 자신을 내어 맡기고, 오직 그분의 긍휼만을 구하는 것
자신의 죄를 참 마음으로 고백하며, 그 죄악이 남에게 끼치는 부정적인 영향에 대하여 기도할 때, 회개의 의미를 깨닫습니다.
죄는 자신을 아프게 하고, 이웃에게 피해를 주며, 하나님의 영광을 가린다는 것을 분명히 인식하게 하시옵소서.

예수님의 이름으로 기도합니다. 아멘

22:11(하) 네가 형통하여 여호와께서 네게 대하여 말씀하신 대로 네 하나님 여호와의 성전을 건축하며

하나님 아버지,
"네 하나님 여호와의 성전을 건축하며"라고 하시니 감사합니다. 다윗이 아버지로서 아들 솔로몬에게 당부의 권면을 한 줄로 믿습니다.
아버지는 아들에게 권면을 하고, 아들을 응원하며 그의 장래를 위해서 축복해야 할 것을 깨닫습니다. 다윗은 솔로몬에게 쉬운 말로 교훈하며 격려하는 것을 보여주었습니다.
'여호와께서 너와 함께 하시기를.' 아버지가 자식을 축복하는 말로 이보다 더 아름답게 할 수 있을까요? 솔로몬을 복 되게 하시겠다는 언약에 감격하며, 감사합니다.
오늘, 자녀가 더욱 하나님의 뜻 가운데 서도록 양육할 것을 결단하는 부모가 되게 하시며, 저의 입에 다윗의 축복을 담아 주시옵소서. 저에게 함께 하셨던 하나님의 인도와 도우심이 자녀에게로 이어지기를 축복하게 하시옵소서.
- 하나님의 뜻을 좇아서 행하도록 권면하게 하시옵소서.
- 하나님께서 주신 말씀에 순종하도록 용기를 북돋게 하시옵소서.
- 모든 율례와 규례를 삼가 행하도록 당부하게 하시옵소서.
사랑하는 자녀에게 하나님 앞에서 지내도록 가르치게 하시옵소서.

예수님의 이름으로 기도합니다. 아멘

하나님 아버지,
“평강을 그의 백성에게 주시고”라고 하시니 감사합니다. 하나님께서 이스라엘 백성을 약속의 땅에 정착하게 하시고 평안히 지내게 하신 줄로 믿습니다. 하나님의 보호하심의 은혜라고 생각합니다.
이때, 이스라엘 백성은 다윗 왕이 전쟁터에 나가서 주변의 강대국들을 물리치고, 평안을 누리게 되었지요. 그럼에도 하나님께서 평강을 그의 백성에게 주셨다고 찬양하는 다윗에게 감격합니다.
다윗은 과연 하나님 중심의 사람이었습니다. 이스라엘 백성이 이방 족속들에게 쫓겨 다니지 않게 된 것은 하나님의 역사라는 것이지요.
오늘, 다윗의 고백에서 저를 보게 하시니 감사합니다. 하나님의 은혜를 시인하고 찬양을 돌리는 그로부터 하나님을 섬기는 자의 모습을 배웁니다.
저에게 있는 모든 것이 하나님으로 말미암는다는 고백을 저의 것으로 삼게 하시옵소서.
- 하나님이 우리와 함께 하신다, 영원히.
그렇습니다. 하나님께서 함께 하심을 늘 생각하게 하시옵소서. 하나님은 어디에 계십니까? 성전에 계신다고 하셨으니, 성전이 된 저와 함께 하심을 믿게 하시옵소서.

예수님의 이름으로 기도합니다. 아멘

하나님 아버지,
“각각 그 섬기는 직무를 맡겼는데”라고 하시니 감사합니다. 아론의 자손들은 제사직의 직무를 분담했던 줄로 믿습니다. 그들은 제사장의 24반열 제도의 수립에 협력하였다고 깨닫습니다.
하나님께 드려지는 예배를 위하여 다윗에게 지혜를 주시고, 아론의 자손들에게는 섬김의 마음을 주셔서 아름답게 되었다고 봅니다.
그들은 제사직을 수행함에 있어서 차례를 정해 두고 질서정연하게 봉사에 임했다고 생각합니다. 그들에게 분담된 직무는 계급이 아니라 섬김의 직무였음에 감격합니다.
오늘, 교회 공동체에서 직무에 대한 새로운 깨달음을 주시니 감사합니다. 교회에서 직분을 받게 될 때, 하나님의 일을 섬김으로 받아들이게 하시옵소서. 저 자신의 능력으로 받는 것이 아니라 오직 하나님을 섬김의 직분으로 이해하기를 원합니다.
목회자를 비롯해서 모든 성도가 주님의 몸 안에서 한 지체를 분담하고 있음을 확인합니다. 교회의 직임에 차이가 있다면 그것은 다만 봉사의 위치와 분량의 차이라고 배웁니다.
교회에 여러 직분을 주셨음에 감사하면서 서로가 어우러져 주님의 몸을 이루게 하시옵소서.

예수님의 이름으로 기도합니다. 아멘

하나님 아버지,
"하나님의 전을 섬겼으며"라고 하시니 감사합니다. 다윗 왕이 세운 성가대는 찬양으로 감사하는 일을 감당했음을 믿습니다. 성가대는 찬양으로 감사하는 일을 감당하는 사람들이라는 교훈을 받습니다.
아삽과 여두둔과 헤만, 이들 세 악사들은 질서를 세워 성가대가 운영되도록 했다는 것을 배웁니다. 이들은 공식 직함을 받고서는 철저하게 다윗 왕의 지시 하에 활동했다고 여겨집니다.
오늘, 찬송을 부르는 저의 자세를 돌아봅니다. 아무렇게나 또는 뜻이 없이, 그리고 하나님보다는 저 자신에게 맞추어 찬송을 부르고 있지는 않는지요?
찬송을 부를 때는 언제나 하나님을 생각하게 하시옵소서. 오직 하나님을 영화롭게 해드리게 하시옵소서.
성가대원들에게 찬양은 참된 감사가 있을 때 불려 지며, 감사하는 마음에서 하나님을 위한 노래가 된다고 깨닫습니다.
"신령한 노래를 하며 여호와께 감사하며 찬양하며"라고 한 표현에 마음을 둡니다. 찬송은 하나님께 드려지는 노래라는 것을 늘 생각하게 하시옵소서. 찬송으로 하나님께 영광이 되게 하시옵소서.

예수님의 이름으로 기도합니다. 아멘

26:12 이상은 다 문지기의 반장으로서 그 형제처럼 직임을 얻어 여호와의 성전에서 섬기는 자들이라

하나님 아버지,
"그 형제처럼 직임을 얻어"라고 하시니 감사합니다. 하나님께서 하신 줄로 믿습니다. 교회에서 직분자가 됨은 주님의 공동체를 섬기라 하심이니 감격스럽습니다.
교회 안에는 다양한 역할로 책임을 맡은 이들이 있어 서로 형제로 섬기게 하셨다고 깨닫습니다. 성전의 문지기들, 그들이 직임을 얻어 성전에서 섬기게 하시니 하나님의 은혜로 받습니다.
문지기들이 근무할 장소는 제비를 뽑아 결정했다고 했습니다. 그들의 일터에 대한 결정권을 하나님께만 맡겼다는 것을 생각해봅니다.
오늘, 저에게 묻습니다. 교회에 있는 이들을 형제로 여기고 있는지요? 교회를 섬기고 있는 지체를 형제로 받게 하시옵소서.
- 양무리를 치도록 선택된 목회자들을 존경하게 하시옵소서.
- 장로를 비롯한 공동체의 지도자들을 존경하게 하시옵소서.
- 맡겨진 분야에서 섬기는 제직들을 존경하게 하시옵소서.
주님의 교회 안에서 공동체를 향하여 형제의 마음을 갖게 하시옵소서. 그들의 직분과 직무로 구별하지 않게 하시옵소서. 저희들이 역할과 직임이 다를 뿐, 주님의 피로 맺어진 형제로 섬기게 하시옵소서.

예수님의 이름으로 기도합니다. 아멘

하나님 아버지,

"그들의 숫자대로 반이 나누이니"라고 하시니 감사합니다. 하나님께서 디윗에게 군대를 조직하게 하신 줄로 믿습니다. 조직을 갖추어야 하는 사실을 배웁니다.

정월의 첫 반부터 십이월 열둘째 반, 곧 12반으로 조직되었던 것입니다. 군대를 효과적으로 통솔하고 작전 명령을 수행하려면 조직이 절대적으로 필요했다고 여깁니다.

다윗의 군대는 매월 각 반별로 근무하는 것을 원칙으로 삼았습니다. 곧 봉사의 기회를 동등하게 부여했음에서 치밀함을 배웁니다.

오늘, 하나님의 교회에도 조직이 필요하다고 깨닫습니다.

저는 십자가의 정병으로서 조금의 부족함도 없는지요?

성도를 가리켜 그리스도의 군사라고 표현한 것을 생각합니다. 사령관이신 그리스도의 명령이 일사불란하게 수행되어지겠지요.

오늘을 지내면서 저 자신이 그리스도의 영적인 군사라는 사실을 다시 깨닫기를 원합니다. 그리스도의 군사가 되었으니, 하나님 앞에서 좋은 군사가 되려는 마음을 갖게 하시옵소서.

늘 십자가의 정병으로서의 훈련에 힘쓰고 군사로서 본분을 잊지 않도록 하시옵소서.

예수님의 이름으로 기도합니다. 아멘

하나님 아버지,
"네 아버지의 하나님을 알고"라고 하시니 감사합니다. 하나님을 바로 알면 하나님 앞에서 살게 되는 줄로 믿습니다. 그때 비로소 온전한 마음과 기쁜 뜻으로 하나님을 섬긴다고 생각합니다.
'네 아비의 하나님'이라는 표현을 써서 자신을 환난 중에 건지시고 마지막까지 인도하시고 보호하신 하나님을 강조했습니다. 하나님의 신실하심이지요.
다윗은 이스라엘의 임금이면서 한 가정의 아버지였습니다. 그가 자녀 양육에 대한 의무를 다했다는 사실에 감격합니다.
저에게는 자녀에게 하나님에 대한 지식과 그 명령을 지키게 할 책임이 있습니다. 다윗이 자기의 생을 마감하는 시간에, 솔로몬에게 하나님을 섬기도록 강조한 것을 도전으로 받습니다.
제가 아이들을 사랑하는 만큼 그들이 하나님의 자녀로 세워지도록 강조하는 애비가 되게 하시옵소서. 저의 아이들이 생활 속에서 체험적으로 하나님과의 영적인 연합으로 하나님을 알게 하시옵소서.
그들이 하나님에 대한 경험에서 온전한 마음과 기쁜 뜻으로 하나님을 섬기게 된다고 확신합니다. 이로써 하나님을 섬기게 하시옵소서.

예수님의 이름으로 기도합니다. 아멘

하나님 아버지,
"우리가 주의 손에서 받은 것"이라고 하시니 감사합니다. 참된 감사는 받았다는 사실의 인식에서 시작되는 줄로 믿습니다. 받았다는 것을 누리지 못하기 때문에 감사하지 않게 된다는 것을 깨닫습니다.
다윗은 고백하기를, "우리가 주의 손에서 받은 것으로"라고 했습니다. '하나님께로부터'라고 말할 수 있는 그 고백에 감격합니다.
다윗의 감사에서 하나님께서 주신 것이니 하나님께 돌려드린다는 청지기의 사상을 배우게 합니다.
오늘, 저는 어떠했는지를 돌아봅니다. 제가 소유하거나 누리는 것들에 대하여 저를 나타냄을 당연히 여기고 지냈습니다. 제가 수고를 한 만큼, 또는 제가 능력으로 취하게 되었다는 그런 자세였습니다.
'주께로 말미암았사오니.' 이 문장을 심령에 새기게 하시옵소서. 하나님께서 주셔서 저의 손에 간직하게 되었다는 것, 그래서 제 것이 아니라 하나님께서 주셨음을 확인하게 하시옵소서.
모든 것은 하나님의 것이었습니다. 저의 예배에서 하나님께로부터 말미암은 것을 하나님께 돌려드릴 뿐임에 감사하게 하시옵소서.

예수님의 이름으로 기도합니다. 아멘

하나님 아버지,
"그의 하나님 여호와께서 그와 함께 하사"라고 하시니 감사합니다. 하나님께서 솔로몬에게 견고와 창대의 복을 주신 줄로 믿습니다. 하나님께서 함께 하시는 인생의 모습을 봅니다.
하나님께서는 솔로몬에게 대적자들을 제거하게 하시며, 그의 왕권을 견고히 하셨다고 깨닫습니다.
솔로몬을 이스라엘의 왕으로 삼으신 분은 여호와이셨습니다. 그를 이스라엘 모든 왕보다 뛰어나게 하신 분도 여호와이셨습니다.
오늘, 하나님께서 솔로몬에게 함께 하셨던 것에 도전을 받습니다. 하나님께는 지금, 저에게 함께 하시기를 원하신다고 믿습니다. 하나님과 함께 하기를 사모하게 하시옵소서.
하나님께서 함께 하시도록 죄를 대적하게 하시옵소서. 제 안에서 회오리바람처럼 일어나는 육체의 소욕을 거절하게 하시옵소서.
저에게서 요구하시는 하나님의 뜻은 하나님의 영광이라고 깨닫습니다. 하나님께 영광이 나타나도록 저를 견고하게 하시옵소서. 또한 심히 창대해지는 경험에서 하나님께 영광이 되게 하시옵소서.

예수님의 이름으로 기도합니다. 아멘

하나님 아버지,
"그들의 왕을 삼으셨도다."라고 하시니 감사합니다. 하나님께서 먼저 이스라엘을 사랑하신 줄로 믿습니다. 그 사랑으로 하나님께서 솔로몬을 왕으로 세워 주셨음에 감격스럽습니다.
'자기 백성을 사랑하시다.' 그렇습니다. 이 짧은 문장을 경구로 삼게 하시옵소서. 하나님께서 이스라엘을 사랑하셨기에, 솔로몬을 왕으로 세우셨다고 확신합니다.
자기 백성을 사랑하시는 하나님께 감사합니다. 하나님의 모든 행동은 그 사랑에서 시작하시니 찬송을 드리게 하시옵소서.
오늘, 저에게 주목하시는 하나님을 깨닫습니다. 저를 사용하셔서 이루어질 하나님의 일들을 사랑하시는 하나님을 깨닫습니다. 하나님의 나라와 하나님의 뜻을 사랑하심을 확신합니다.
하나님의 일을 사랑하게 하시옵소서. 하나님의 뜻을 사랑하게 하시옵소서.
하나님의 일이 성취되는 것을 사랑하게 하시옵소서. 저에게 하나님께의 영광이 전부이기를 원합니다.
하나님의 교회를 사랑하게 하시옵소서. 교회를 중심으로 여기에서 일어나는 하나님의 일을 사랑하게 하시옵소서.

예수님의 이름으로 기도합니다. 아멘

3:17(상) 여호와께서 홀로 그를 인도하셨고 그와 함께 한 다른 신이 없었도다

하나님 아버지,

솔로몬에게 성전을 짓게 하시고, "두 기둥을 성전 앞에 세웠으니"라고 하시니 감사합니다. 성전은 하나님께서 세우시며, 성전으로 나타나는 모든 능력은 하나님께 있다는 것을 배웁니다.

성전의 전면, 오른편에 있는 기둥은 '야긴'이라 불렀고, 왼편에 있는 기둥은 '보아스'라는 이름을 가졌지요.

- 야긴: 다윗 왕조를 세우시고 지탱해 가시는 하나님
- 보아스: 다윗 왕조에 힘과 능력을 주시는 하나님

영적인 의미에서 저에게 야긴과 보아스가 있음에 감사합니다. 저를 하나님께 성전으로 삼으시고, 저의 심령에 야긴과 보아스를 세우셨다고 믿습니다. 저를 위하시는 하나님이십니다.

죄인이었던 저를 누가 신자가 되게 하였습니까? 하나님께서 자녀로 삼아주셨습니다. 저에게 옛사람을 거절하고, 심령을 새롭게 하는 힘은 어디에서 나옵니까? 하나님의 능력이 그리하게 하셨습니다.

기둥의 꼭대기는 백합화 모양으로 만들게 하셔서 우리 주님의 깨끗하신 순결과 주님의 아름다운 향기를 나타낸다고 깨닫습니다. 이제, 주님께 신부가 되어 지내려는 마음을 갖게 하시옵소서.

예수님의 이름으로 기도합니다. 아멘

하나님 아버지,
"씻게 하되"라고 하시니 감사합니다. 물두멍을 두어 씻는 도구로 사용하게 하신 줄로 믿습니다. 이로써 성전 안에서는 씻는 것이 있도록 하셨습니다. 제사장 자신과 제물을 씻도록 하셨지요.
- 놋바다: 제사장들이 자신의 몸(손과 발)을 씻도록 하심
- 물두멍: 번제에 드릴 희생 제물(도구 포함)을 씻도록 하심

제사를 드리기 전에, 부정한 것을 씻도록 하신 하나님의 거룩하심을 깨닫습니다. 당시에, 놋바다와 물두멍은 제사와 관련되어 하나님의 능력을 나타내는 상징이었다고 봅니다.
놋바다와 물두멍으로 씻음의 은혜를 사모합니다. 죄를 고백하고 회개하도록 하시며, 성령님으로 깨끗하게 씻김을 경험하게 하시옵소서.
주님께서 죽으심이, 바로 더러운 죄를 씻기시기 위함이라 감격합니다. 저에게 손을 깨끗이 씻고, 마음을 깨끗이 씻으며, 모든 면에서 깨끗이 씻음을 받음에 간절하게 하시옵소서.
불결한 상태에서는 하나님께로 나갈 수 없음을 생각합니다. 특히, 하나님께로 올리는 예물 등, 제가 드리는 것들에 깨끗하게 씻게 하시옵소서. 회개한 양심, 회개한 제물로 서게 하시옵소서.

예수님의 이름으로 기도합니다. 아멘

하나님 아버지,
"일제히 소리를 내어"라고 하시니 감사합니다. 성전의 건축을 완공한 후에, 봉헌하자 하나님께서 받으신 줄로 믿습니다. 나팔 부는 자와 노래하는 자들이 찬송을 드렸다고 깨닫습니다.
찬송으로 감사를 드릴 때, 여호와의 전에 구름이 가득하게 하셨습니다. 그래서 제사장이 그 구름으로 인하여 능히 서서 섬기지 못하였는데, 여호와의 영광이 하나님의 전에 가득해서였다고 하였습니다.
성전을 짓는 동안에 얼마나 많은 수고가 있었겠습니까? 그들에게는 환난과 핍박도 있었겠지요. 성전을 짓는 일에 끝까지 참여하여 봉헌을 하니 얼마나 감사하였을까요?
오늘, 과연 저는 하나님의 선하심과 자비하심을 누리고 있는지요! 언약 백성으로서 하나님께 드림의 삶을 살아가기를 원합니다. 하나님께 성전이 되어 봉헌하는 삶으로 지내게 하시옵소서.
저에게 크게 은혜가 되는 것은 하나님의 영광이 제물을 바쳤을 때가 아니고 찬송을 드렸을 때 나타났다는 사실입니다.
찬미의 제사가 황소를 드림보다 여호와를 더욱 기쁘시게 했다는 것이지요. 감사로 찬송을 드려 하나님의 영광이 가득하게 하시옵소서.

예수님의 이름으로 기도합니다. 아멘

하나님 아버지,
"주께서 영원히 계실 처소로소이다."라고 하시니 감사합니다. 하나님께서 어두운 장막과 회막에 계시지 않게 되심에 대한 감격인 줄로 믿습니다. 하나님께 드림은 감격이라는 교훈을 받습니다.
하나님께서 솔로몬에게 고백하도록 하셨습니다: "내가 참으로 주를 위하여 계실 전을 건축하였사오니 주께서 영원히 거하실 처소입니다."
그렇지만 그곳은 하나님께서 거하실 영원한 처소가 되지 못하였습니다. 영원히 계실 처소를 바라보게 하는 상징이었습니다.
장차 오실 메시야 예수님, 주님에 의해서 세워질 교회, 영원히 있을 하늘나라가 주께서 영원히 계실 처소라고 확신합니다.
오늘, 하나님께서 계실 또 하나의 처소로서 저 자신을 깨닫습니다. 저의 심령이 하나님께 드린 성소가 되는 줄로 믿습니다. 저의 심령에 하나님께서 계시니 영광을 드리게 하시옵소서.
이제, 하나님을 바라보게 하시옵소서. 주님의 피로 세워진 교회에서 하나님을 누리게 하시옵소서. 그리고 약속하신 새 하늘과 새 땅에서 계실 하나님을 바라게 하시옵소서. 하나님께 성전이 된 저의 몸을 드리게 하시옵소서.

예수님의 이름으로 기도합니다. 아멘

하나님 아버지,
"이 곳에서 하는 기도에"라고 하시니 감사합니다. 성전은 하나님께로 나아가며 기도하는 곳인 줄로 믿습니다. 하나님께서 성전에서 자기 백성의 소리를 들으신다니 감격스럽습니다.
성전을 지은 후에, 솔로몬이 할 것은 무엇이었습니까? 오직 하나님께 기도하는 것이었다고 깨닫습니다. 하나님께서 계신 집이니 그곳에 와서 기도하는 것이 은혜로운 삶이겠지요.
하나님은 자기 백성에게 하나님을 경외하게 하시고, 기도하는 집에서 기쁘게 하실 거라고 약속하셨습니다. 이방인들도 하나님께로 돌아와 성전에서 기도하면 기쁘게 해 주신다고 하셨지요.
오늘, 하나님께서 저에게 '눈을 들고 귀를 기울이신' 경험이 있는지를 생각해 봅니다. 과연, 제가 하나님께 얼마나 기도를 드렸는지요? 하나님께서 저의 목소리를 얼마나 들으셨는지요?
하나님의 집에 대한 저의 생각을 바로 잡아 주시옵소서. 그래서 먼저는 성전이 된 저의 몸에서 하나님께로 나아가게 하시옵소서. 저의 삶이 하나님께 드리는 기도가 되기를 원합니다. 주님께서 피 흘려 세워진 교회에서 기도하기를 원하게 하시옵소서.

예수님의 이름으로 기도합니다. 아멘